ESSAI

DE

PSYCHOLOGIE

PHYSIOLOGIQUE.

PARIS, IMPRIMERIE DE DECOURCHANT,
Rue d'Erfurth, n° 1, près l'Abbaye.

ESSAI

DE

PSYCHOLOGIE

PHYSIOLOGIQUE,

PAR C. CHARDEL,

AUTEUR DE L'*ESQUISSE DE LA NATURE HUMAINE.*

« C'est le devoir de chacun de répandre les lumières qu'il croit posséder seul, quand, par leur nature, elles appartiennent à tous. »

INTRODUCTION.

A PARIS,

AU BUREAU DE L'ENCYCLOPÉDIE PORTATIVE,
Rue du Jardinet-St.-André-des-Arts, n° 8.

1831

INTRODUCTION.

Dans l'état actuel des sciences chaque jour étend le domaine de l'intelligence, et notre siècle peut s'énorgueillir des nouvelles lumières qu'il a répandues sur toutes les parties de l'instruction. La physique, guidée par l'expérience, a constaté une foule de phénomènes curieux, et la chimie est parvenue à décomposer des corps regardés jusqu'alors comme indécomposables : aujourd'hui on ne sait plus quels sont les élémens de la nature ; on a même renoncé à les chercher, et nos savans ont déclaré que toute étude raisonnable devait s'arrêter à l'examen des effets. La connaissance des causes se trouve ainsi placée en dehors des voies de la science, et j'avoue que je l'ai vue à regret nous enlever, par là, l'espoir des découvertes que les siècles passés nous avaient laissé. Cependant, il vaut mieux, sans doute, abandonner une recherche infructueuse que de s'égarer en de vaines hypothèses; mais avant de me résigner à cette ignorance forcée, j'ai voulu en reconnaître la nécessité. Je suis remonté à l'origine des connaissances humaines, et j'ai cru m'apercevoir que c'était la marche suivie dans les études qui rendait la découverte des élémens impossible. J'ai, dès lors, essayé de recommencer l'examen de la nature en me frayant une route nouvelle. Il m'a paru que l'univers, en nous offrant des astres de deux espèces, nous indiquait deux principes, dont il fallait d'abord constater les propriétés, et je me suis assuré ensuite que les rayons du soleil s'unissent, dans la formation des corps, à la base que la terre fournit. J'ai essayé d'expliquer les propriétés com-

posées par la combinaison des propriétés simples ; en un mot, j'ai cru que l'é-
tude de la nature devait commencer
par le commencement et marcher avec
elle en passant des simples aux composés, tandis que la science s'efforce ordinairement de remonter de la fin au
commencement par l'analyse et la décomposition.

Le plan que je me suis tracé est fort
simple ; mais il procède en sens inverse
de celui que l'on a suivi jusqu'à présent.
Deux méthodes si opposées devaient
avoir des résultats différens : les savans,
après d'immenses travaux, ont déclaré
que les principes premiers étaient in-
trouvables ; et moi, j'ai commencé, au
contraire, par constater les propriétés
de ces mêmes principes que j'ai cru reconnaître dans les rayons du soleil et
dans l'élément terrestre : ils ont pensé
qu'il fallait abandonner la recherche

des causes; et moi, je suis remonté aux causes avant de descendre à l'explication des effets. Ils ont observé l'élasticité des solides et des fluides, la formation des ondes, les phénomènes de la sonorité et de la propagation des sons, et sont enfin arrivés à l'examen de la lumière. Ils ont ainsi (à mon avis) exploré la nature à contre-sens, en adoptant un ordre inverse de celui qu'elle suit dans ses travaux; et, comme les propriétés élémentaires forment celles des composés, les savans, guidés par l'analogie, ont ensuite attribué les phénomènes lumineux à l'élasticité d'un fluide répandu dans l'espace.

La même analogie m'a conduit, au contraire, à reconnaître que ce sont les propriétés des rayons solaires qui produisent, dans la formation des composés, la sonorité des gaz, l'élasticité des fluides et celle des solides.

Les savans ont commencé par étudier les propriétés des corps; ils se sont occupés plus tard des phénomènes lumineux, et leurs rapports avec ceux de l'élasticité les ont conduits à penser que celle-ci était une des causes de la lumière. Moi, au contraire, j'ai d'abord examiné l'élément lumineux, et l'élasticité ne m'a plus semblé ensuite que le résultat de la combinaison des rayons du soleil avec la matière.

Il s'agit donc de savoir si cette élasticité qui joue un si grand rôle en physique, est une cause ou seulement un effet.

La marche que je propose est facile à suivre, et ne conduit à aucune des hypothèses brillantes que la science a imaginées, et dont les erreurs même jettent de l'éclat sur le génie de leurs auteurs. Je n'ai rien inventé, rien créé; je n'ai fait qu'observer la nature, en constatant d'abord les propriétés distinctives de ce qui m'a paru en être les élémens.

La simplicité du mode d'étude que j'ai adopté me paraît conduire à découvrir la vérité; mais l'ancienne méthode est plus ingénieuse et prouve, sans doute, une incontestable supériorité intellectuelle. Les savans semblent abandonner aujourd'hui les hypothèses dont ils s'étaient d'abord servis; cependant, on ne saurait trop admirer l'étonnante précision qu'ils portent dans l'examen des détails. Voyez, par exemple, les expériences sur la polarisation de la lumière et sur ses interférences; suivez les calculs qui font connaître si, au moment de leur croisement, deux rayons doivent interférer ou seulement s'ajouter sans se nuire, et dites si le génie de l'homme ne s'y montre pas dans tout son lustre.

Il faut reconnaître que l'exactitude dans les observations est le caractère du siècle; on la retrouve dans les explorations de la physiologie et de la chimie, et jusque dans les spéculations physiologiques; mais cet examen de détail s'attache exclusivement aux effets, et tout admirable qu'il est, il rend peut-être l'esprit humain moins propre à s'élever aux considérations de l'ensemble.

Nos savans ont illustré la carrière des sciences; ils cherchaient la gloire, ils l'ont obtenue, et l'ont méritée. Pour moi, j'admirais leurs travaux sans prétendre m'y associer, quand des circonstances imprévues m'ouvrirent une voie nouvelle dans l'examen de la nature. Je crus apercevoir le commencement de ses œuvres, dont jusqu'alors on n'avait examiné que la fin, et je fis imprimer le fruit de mes observations en 1826, sous le titre d'*Esquisse de la nature humaine*. Je ne me nommai pas : Qu'importe? me disais-je, le nom d'un homme aux vérités qu'il peut mettre au jour?

Mon livre parut; quatre à cinq cents exemplaires s'écoulèrent assez rapidement; mais les savans l'ont ignoré, ou l'ouvrage ne leur sembla pas mériter un examen sérieux; car ils n'en ont rien dit.

Je désirais ouvrir la discussion sur un objet que je croyais d'une haute importance, et j'avais manqué mon but. Quelques amis me firent sentir qu'un écrit anonyme se recommande mal à l'attention publique, et qu'en se nommant un auteur consciencieux appelle l'examen. Je prends en conséquence le parti de mettre mon nom à la tête de l'Essai de Psychologie physiologique que je publie aujourd'hui. On y retrouvera une grande partie de ce que contient l'Esquisse de la nature humaine. C'est le même système présenté sous un nouveau point de vue.

Je me fais imprimer, parce qu'il me

semble que c'est le devoir de chacun de répandre les lumières qu'il croit posséder seul, quand, par leur nature, elles appartiennent à tous. Au surplus, la carrière sociale que je parcours est fort étrangère à la psychologie physiologique, dont je n'attends d'autre avantage que celui qu'on retire toujours de la découverte de la vérité. Il me tarde de me débarrasser, en quelque sorte, des connaissances que je puis avoir à cet égard, pour me livrer tout entier à d'autres matières dont l'importance n'est pas contestée.

Je n'ignore pas que des idées nouvelles présentées par un profane sont ordinairement mal accueillies dans le sanctuaire des sciences, surtout lorsqu'elles attaquent d'anciennes erreurs. Cependant je prie le lecteur de se rappeler qu'il n'existe aucun traité de Psychologie physiologique, et que même il ne peut

y en avoir tant qu'on ignorera ce que
c'est que la vie; car c'est elle qui unit la
faculté de l'être spirituel aux propriétés
de l'organisation. J'ouvre à l'étude de
la nature humaine une route entièrement inconnue, et j'écris avec conviction sur un objet intéressant.

Voici, à cet égard, quel est, à peu
près, l'état des connaissances du siècle.

La cause du mouvement et de la chaleur semble être celle de la vie, et la physique, en abandonnant la découverte des
mouvemens premiers, a réduit la théorie de la lumière et de la chaleur à de
vaines hypothèses qui ne peuvent servir de base à la physiologie. Cependant
celle-ci doit trouver son point d'appui
dans la physique, ou renoncer à l'explication des phénomènes organiques; aussi
elle ne sait comment rendre raison de
la vie, et ses systèmes à cet égard semblent bâtis sur le vide.

La psychologie n'est guère plus solidement établie; car, faute de connaître comment les facultés spirituelles sont unies à l'organisation, elle est forcée d'examiner les travaux de l'intelligence comme s'ils s'exécutaient hors du corps, tandis qu'ils ne se manifestent ici-bas que par l'intermédiaire des organes.

Ainsi, la physique ne sait où trouver l'élément du mouvement, et renonce à le chercher. La physiologie ignore ce que c'est que la vie dont elle prétend expliquer les phénomènes, et la psychologie est réduite à étudier les facultés spirituelles séparées des organes, quoique nulle part la nature ne nous offre d'âme agissant sans corps.

Tel est l'état des sciences. Je ne veux diminuer en rien la gloire de notre siècle, et j'admire autant que personne ses immenses découvertes; mais, quand par système on abandonne l'examen

des causes, tout se réduit à la constatation des effets, et le génie de l'homme
s'épuise à porter l'exactitude des observations jusque dans d'imperceptibles
détails, sans pouvoir en obtenir aucune
théorie satisfaisante.

Il est remarquable que les matérialistes, qui se prétendent exclusivement
positifs, bâtissent cependant leur système sur un mot qui n'est qu'une étiquette attachée à l'ignorance des principes premiers; car la matière est ce que
personne ne connaît. C'est un nom
qu'on applique à tout et qui ne spécifie
rien. Il est à désirer que l'on sorte de
cette confusion de langage, et qu'un
mot si fréquemment employé prenne
enfin une signification déterminée.

Je reconnais dans mon système deux
élémens physiques, et j'appelle matière
celui qui forme la consistance des corps.
L'univers nous offre des astres de

deux natures, et je me suis assuré que les rayons du soleil s'unissent à la terre et sont l'unique principe du mouvement : ce sont eux qui forment la vie des êtres ; car la vie est la cause du mouvement organique des végétaux et des animaux. Cette découverte m'a conduit à étudier avec de nouvelles lumières le mode des relations entre l'âme et le corps : j'ai pu rendre raison du travail de la mémoire et des pensées, du sommeil et des rêves, de l'imbécillité et de la folie, de la formation des *hallucinations* et des *illusions* du délire, de la clairvoyance des somnambules lucides, en un mot, de tous les phénomènes de la Psychologie physiologique dont on n'a donné jusqu'ici que des explications insuffisantes.

Les savans, en se résignant à l'ignorance des causes, ont réduit les réalités de la science à la constatation des effets ;

aucune de leurs hautes théories ne peut soutenir un examen attentif, et tout système n'est pour eux qu'une fiction plus ou moins ingénieuse.

On a donné à l'étude de l'homme deux directions opposées, et, tant qu'on ne parviendra pas à les rapprocher, il sera impossible d'arriver à le bien connaître.

Les anatomistes, le scalpel en main, explorent les détails de l'organisation, tandis que les métaphysiciens, à l'aide de distinctions subtiles, dissèquent, en quelque sorte, les facultés de l'être spirituel. Les uns et les autres se montrent exclusifs dans leur méthode, et ne font aucun effort pour lier entre elles les connaissances qu'ils acquièrent ainsi séparément. Cependant, l'homme, tel que la nature nous l'offre, se compose de l'union du physique et du moral; ce sont les relations que la vie établit entre eux, qui constituent l'existence de l'homme sur la terre, et l'étude du cadavre n'en donne pas une idée plus exacte que l'examen des facultés spirituelles séparées du corps.

Ces réflexions m'ont convaincu de la nécessité de faire prendre à l'étude de l'homme une direction nouvelle, et la connaissance de la vie m'a donné le moyen de réunir la physiologie aux recherches psychologiques. Les expériences sont en quelque sorte venues me trouver, et je n'ai eu d'autre mérite, peut-être, que celui de m'être rapproché de la nature avec plus de simplicité qu'on ne l'avait fait avant moi. La plus grande difficulté consistait à trouver le principe du mouvement; je n'ai fait que suivre à cet égard les lumières instinctives que la science a trop négligées : elles m'ont montré le soleil comme la source de la vie et le moteur de l'univers. Cette

découverte est précieuse : elle donne un
système général à la physique, une
théorie satisfaisante à la physiologie, et
un point d'appui solide aux dissertations psychologiques.

J'ai dû commencer l'étude de l'homme par m'assurer de la dualité de son
être, avant de m'expliquer sur l'union
des deux natures qu'il rassemble ici-bas,
et j'ai mis le lecteur en état de bien juger les motifs de ma conviction.

Si l'homme offre le phénomène de
l'union d'un corps avec une âme, les
communications qui s'établissent entre
eux doivent nécessairement apporter à
l'être spirituel la sensation de la nature
des organes, tandis qu'au contraire les
mouvemens de l'âme réfléchiront dans
la vie le sentiment de la spiritualité.

En effet, l'excès des jouissances sensuelles laisse à leur suite un abattement
qui nous fait pressentir la destruc-

tion du corps, tandis qu'au contraire l'exaltation des sentimens nous semble éternelle comme l'immortalité.

On peut être surpris que les spiritualistes, qui reconnaissent dans l'homme l'union de deux êtres différens, n'aient pas encore songé à les étudier dans la nature respective des relations qui s'établissent entre eux; mais ce travail demandait la connaissance de la vie, dont ils ne s'étaient pas occupés.

Pour se faire une idée juste de l'existence de l'homme en ce monde, il faut ne pas confondre sa sensibilité sensuelle et sa sensibilité morale; car les sensations que reçoit la première lui arrivent du dehors, tandis que celles qu'éprouve la seconde naissent intérieurement : les unes résultent des rapports du corps avec l'âme, les autres de ceux de l'âme avec le corps. La réciprocité de ces relations, dont la vie est l'intermédiaire,

se fait par deux modifications vitales :
l'une emprisonne notre faculté de connaître, et l'autre donne un agent physique à notre volonté (*).

Il importe, sous un autre point de
vue, de bien distinguer dans l'âme la
sensibilité sensuelle de la sensibilité
morale; car la première est inaltérable,
tandis que la seconde se modifie par
l'usage : et c'est ainsi que nous deve-
nons bons ou méchans. On trouvera à
ce sujet, dans la Psychologie physiologique, des indications qui, sans recou-
rir à la révélation, conduiront la philosophie à juger avec plus de certitude
du sort de l'homme après sa mort.

(*) L'intelligence de l'âme est circonscrite ici-bas
par la modification vitale qui lui ouvre le monde matériel, en s'emparant de sa sensibilité sensuelle; car
les organes du corps ne sauraient l'avertir de l'existence du monde spirituel qui ne les affecte pas : quant
aux souvenirs antérieurs, le travail en est impossible

J'appellerai encore l'attention du lecteur sur l'uniformité des travaux de l'intelligence chez les animaux, et sur leur extrême variété chez l'homme : l'explication que je donne de l'instinct des bêtes et de notre perfectibilité, prouve que l'état de nature ne saurait être le même pour eux et pour nous, et rend compte de la constance de leurs formes et de l'immense variété des nôtres. La multiplication du genre des maladies a la même origine : et, par cette raison, chez les animaux domestiques qui vivent sous notre empire, les formes et les maladies varient presque indéfiniment.

L'ouvrage que je livre au public ouvre une carrière nouvelle à l'exploration; il s'éloigne des routes battues, et demande un examen attentif. Je sais

pendant la vie. *Voy.* l'explication de ce phénomène, au Chapitre de la mémoire.

qu'on accorde aujourd'hui peu de confiance à la recherche des causes, et je
crois cependant que mon travail mérite quelque discussion ; car il me semble qu'on n'a pas encore expliqué d'une
manière si simple et si complète la nature en général et l'homme en particulier. J'ai recommencé l'étude, et ramené
la science à l'examen des lumières instinctives. Tout mon système se rattache à la découverte du principe de la
vie : mais si l'on donne à mon livre assez peu d'attention pour n'y voir que
ce qui s'y trouve imprimé, on le jugera
nécessairement incomplet; car j'ai souvent abandonné aux méditations du
lecteur le soin d'en remplir les chapi-
tres.

ESSAI

DE

PSYCHOLOGIE

PHYSIOLOGIQUE.

CHAPITRE Ier.

CONSIDÉRATIONS GÉNÉRALES.

La connaissance de l'homme a été l'objet des méditations philosophiques de tous les siècles : aussi l'antiquité nous a-t-elle transmis le célèbre précepte *Nosce te ipsum* comme la première maxime d'une haute sagesse. Cependant cette science tant recommandée est peut-être celle qui, dans les temps modernes, a fait le moins de progrès. On a séparé, dans l'étude de l'homme, l'examen de l'organisation de celui de l'être moral, et cette division, que la nature n'a pas faite, a donné aux recherches deux directions opposées, en sorte que les lumières anatomiques n'ont été d'aucun secours pour la connaissance des facultés intellectuelles.

La métaphysique, depuis deux mille ans, est restée à peu près stationnaire; en vain de profonds penseurs en ont fait l'objet de leurs méditations, leurs laborieux efforts n'ont élevé que des systèmes plus ingénieux que solides, parce qu'ils ne les ont pas rattachés aux phénomènes de l'organisation. Les dissertations purement idéologiques ressemblent aux sommets éloignés dont on n'aperçoit pas la base, et qui, dans leur extrême élévation, se confondent avec les nuages. C'est par ce motif que plusieurs esprits judicieux ont renoncé à l'étude de l'homme intellectuel qui n'aurait pas l'homme organique pour point d'appui.

Le siècle cherche la vérité, mais il veut la vérité positive; et sans doute il a raison de désirer que la physiologie donne enfin à la métaphysique une consistance que le doute soit forcé de respecter; mais, le moyen que ces sciences se prêtent un mutuel secours, lorsque leurs études suivent des voies opposées? Tant que dans l'examen de l'homme les physiologistes n'exploreront que le physique, et les métaphysiciens que l'être spirituel, il leur sera impossible de se rencontrer, et, loin de marcher de concert, ils deviendront antagonistes, en s'opposant des difficultés réciproquement insurmontables.

En effet, les physiologistes, le scalpel à la main, cherchent vainement à pénétrer dans les secrets de la spiritualité; malgré leurs efforts pour substituer l'excitation des appareils nerveux à la sensibilité de l'âme, jamais ils ne parviendront à expliquer l'unité de l'intelligence de ce Moi qui reçoit les sensations et les compare. Tandis que, de leur côté, les métaphysiciens ne réussissent pas mieux à nous apprendre comment l'intelligence se trouve soumise aux chances de l'organisation, et semble se développer et périr avec elle. Cependant, les uns et les autres se flattent de posséder la connaissance complète de l'homme; car les premiers ne comptent l'âme pour rien, et les seconds considèrent comme peu de chose la part que prend l'organisation au travail des pensées.

On a cru simplifier la science et en rendre l'étude plus facile en la divisant; mais cette séparation, purement intellectuelle, donne aux recherches deux directions opposées, et a l'inconvénient de les faire porter sur des objets qui, réunis, forment l'homme, mais dont la désunion n'en donne qu'une idée inexacte et imparfaite. En effet, la nature ne nous montre nulle part une âme sans corps, ni un corps vivant sans âme, et l'homme qu'elle nous offre ne ressemble pas plus à l'inertie du cadavre qu'à l'activité spirituelle d'une intelligence séparée de la matière.

Sans doute il est indispensable d'étudier la structure du corps, et de même il est nécessaire de méditer sur les facultés de l'âme; mais tant qu'on ne parviendra pas à lier entre elles ces connaissances acquises séparément, l'homme, tel qu'il est, échappera à l'examen, et l'on n'acquerra que des certitudes anatomiques et des présomptions spiritualistes. Ce qui constitue véritablement l'homme ici-bas, ce sont les relations entre le physique et le moral, c'est cette réciprocité d'action de la volonté sur l'organisation et de l'organisation sur la volonté, dont l'ensemble forme notre existence, et qui cesse avec la vie; car elle seule en est l'intermédiaire et le moyen. C'est donc la vie qu'il importe d'étudier pour connaître l'homme, et, malheureusement, les méthodes adoptées la placent en dehors des recherches. En effet, le principe vital échappe par sa nature aux méditations des métaphysiciens comme aux observations des physiologistes. Aucun d'eux n'en fait l'objet de ses investigations, car il est trop physique pour les uns et pas assez matériel pour les autres. Nous voulons marcher; nos muscles se contractent, et nous marchons : la science ne nous en apprend pas davantage, et personne ne sait comment les déterminations de la volonté se lient à l'exécution des actes.

C'est cette lacune que je me propose de remplir dans cet ouvrage, sous le titre de Psychologie physiologique. J'indiquerai de quels élémens se compose la vie, et comment elle devient entre l'âme et le corps l'agent de relations continuelles et réciproques.

Le mode de ces relations est resté jusqu'à présent à peu près inaperçu, parce que la division adoptée dans les travaux en excluait l'examen; mais je propose une route nouvelle qui permet de rapprocher le moral du physique en faisant connaître leurs moyens d'union.

Cette étude, comme toutes celles d'une utilité générale, est à la portée de la masse des intelligences; elle peut se passer des efforts du génie, et n'exige que de l'observation et du jugement. Les lumières instinctives suffiraient pour en éclairer les principales difficultés si les préjugés de la science n'y mettaient pas obstacle; mais, parmi ceux qui cultivent le domaine de l'intelligence, les uns remontent à l'origine des idées sans s'occuper de la part que la vie et le cerveau prennent à leur exécution, et les autres réduisent l'étude de l'homme à l'examen de son mécanisme organique.

On dirait qu'avant toute recherche les premiers étaient convaincus que l'âme ici-bas sent et pense sans organes, et les seconds, que les organes sentent et pensent sans âme. C'est là ce que j'appelle les préjugés de la science; c'est cette préoccupation d'esprit, qui ne permet de rien voir au-delà d'un cercle tracé d'avance, qu'il faut écarter quand on cherche la vérité. Si l'âme existe, il est nécessaire de connaître la vie pour expliquer l'usage des facultés spirituelles, puisqu'elle forme l'union entre le physique et le moral; et si l'âme n'existe pas, l'étude de l'homme demande encore que l'on s'éclaire sur la nature du principe moteur de tout être vivant.

Tant que l'on n'aura pas franchi cette première difficulté, les progrès de la science se borneront à constater des faits et des analogies utiles sans doute, mais dont il sera toujours impossible de former une théorie satisfaisante.

Le système que je vais présenter exclut toute hypothèse; il procède, en appuyant la psychologie sur la physiologie à l'aide de l'observation et de l'induction. Mais avant d'examiner les rapports de l'intelligence avec les organes, il faut connaître les élémens dont ceux-ci se composent, et par conséquent étudier les lois générales de la nature. Je commencerai, en conséquence, par discuter les hautes théories physiques; je parlerai ensuite de la structure du corps et de la formation de la vie, et je terminerai par une explication physiologique des opérations de l'âme.

Toutes nos connaissances devraient

s'appuyer sur la physique, car elle em-
brasse la nature entière; mais, dans l'é-
tat actuel, ses hautes théories ne sont
guère que des méthodes ingénieuses,
sans autre importance que celle de fa-
ciliter le calcul des résultats. Cette
science, où tout ce qu'on appelle certitude matérielle vient s'appuyer, n'offre elle-même aucune solidité dans ses
systèmes. Elle se divise en deux parties
distinctes : la collection des expériences
et l'explication des phénomènes.

La première partie est susceptible de
peu de discussion; elle n'admet pas le
doute, et présente une réunion de faits
constatés avec un soin et une précision
également admirables. Jamais, peut-
être, l'esprit humain ne s'est montré
plus attentif et plus pénétrant; cependant, la seconde partie, qui se compose
des systèmes produits par tant d'hono-
rables travaux, n'offre que des hypo-

thèses si peu satisfaisantes qu'elles n'inspirent aucune confiance à ceux même qui s'en servent dans leurs démonstrations.

Les cours de physique présentent une collection de faits curieux constatés avec soin, mais qui n'ont presque aucune liaison entre eux. Les professeurs s'en inquiètent peu; ils établissent des théories plus ingénieuses que solides, et, sur chaque partie de la science, ils annoncent des résultats et justifient leurs oracles par des expériences. Leur auditoire n'en demande pas davantage, et chacun s'en va convaincu que la nature n'a plus de secrets pour les grands hommes du siècle. Cependant les causes premières restent inconnues; il paraît même décidé qu'on ne doit plus les chercher; car, après d'inutiles efforts, les savans en ont jugé la découverte impossible et l'ont aban-

donnée. Des docteurs, dans toutes les
parties de l'enseignement, ont pro-
noncé qu'il fallait s'en tenir à l'examen
des effets; ils ont par là, en quelque
sorte, clos la science, et imprimé le
cachet du matérialisme au mouvement
actuel des esprits.

Ce découragement général sur la recherche des causes est très-remarquable.
J'ai déjà fait pressentir qu'il était dû
principalement à la physique, dont les
théories fausses refusent aux autres
sciences la base qu'elles devraient leur
fournir. En effet, quand des théories
ne sont que des hypothèses uniquement
ment imaginées pour l'explication d'une
série de phénomènes, on ne peut les
transporter à un autre usage et s'en
servir comme de vérités absolues qui
s'appliquent à tout avec une égale justesse.

Si le système qui m'a séduit par sa

simplicité n'était pas mieux fondé, il aurait encore l'avantage de tout rattacher à un principe unique, dont on peut déduire avec facilité la formation de la vie et l'explication des phénomènes de la Psychologie physiologique. Avant d'entrer en matière à cet égard, je vais essayer de faire sentir qu'avec la manière actuelle d'étudier la nature, il est impossible que les hautes théories physiques soient vraies, et je démontrerai ensuite qu'elles sont fausses.

CHAPITRE II.

EXAMEN CRITIQUE DE LA MARCHE SUIVIE DANS L'ÉTUDE
DE LA NATURE; DISCUSSION DES HAUTES THÉORIES
PHYSIQUES, ET NÉCESSITÉ DE REMONTER AUX CAUSES
PREMIÈRES.

Lorsque pendant des siècles des
hommes de génie se sont épuisés en
efforts inutiles pour atteindre aux principes des choses, il est probable que le
succès était impossible ou qu'ils avaient
pris une mauvaise route. Il faut donc
abandonner toute recherche, ou remonter à l'origine des études et se frayer
une voie nouvelle. Les savans accueil-
lent avec dédain les tentatives qu'on fait
à cet égard; cela est et cela devait être,
car on n'a pas utilement parcouru une

carrière de gloire pour se laisser facilement ramener au point de départ. Ce n'est donc pas à la science que j'en appelle, mais à la raison humaine, qui lui est antérieure et qu'elle peut égarer quelquefois.

L'étude de la nature a commencé par l'examen des corps, parce qu'ils sont faciles à saisir, et l'on a d'abord observé leur consistance, leur pesanteur et leur forme. Cependant ces corps sont composés de différens matériaux, et bientôt on a reconnu que plusieurs avaient une base commune; dès lors on a cru qu'on pourrait, en les décomposant, remonter aux premiers principes. La nature forme les aggrégations avec les élémens, on s'est appliqué à retrouver les élémens en défaisant ses œuvres. Elle commence par le commencement, on a commencé par la fin, en marchant des composés aux simples.

Telle est la direction donnée aux premiers travaux : ils ont eu pour objet de chercher le secret de la nature dans la décomposition des corps. Cette méthode, constamment suivie depuis, a conduit la physique à constater un grand nombre d'effets; mais elle a rendu la découverte des causes à peu près impossible, et a dû leur faire substituer des hypothèses nécessairement chimériques, par cela même qu'elle procède des composés aux simples. Un exposé rapide de la marche de la science suffit pour s'en convaincre.

Les premiers physiciens appelèrent matière la substance à laquelle la nature imprime toutes les formes : ils supposèrent qu'elle était homogène, et désignèrent par le même mot la pâte commune à la généralité des choses; ils ne donnèrent aucun nom au principe moteur, quoiqu'il soit encore plus univer-

sel, parce qu'il est insaisissable et que
leur examen s'arrêta à ce qui tombait
sous leurs mains. L'expérience démon-
tra que les corps résistent à l'impulsion
en raison de leur masse, on en induisit
l'inertie de la matière et le calcul des
lois du mouvement. Ces idées d'inertie
et de mouvement conduisirent ensuite
les physiciens, qui avaient décidé que
tout était matière inerte, à reconnaître
dans la nature un principe attractif et
un principe répulsif. Plus tard, ils pré-
tendirent expliquer le mouvement et
le repos, en déclarant que c'étaient des
manières d'être des corps, comme si
ces manières d'être n'avaient pas une
cause. Ces contradictions furent la
conséquence de la confusion du langage qui, sous le nom de matière, dé-
signait l'union de deux principes différens, dont l'un restait inaperçu. Nous
devons l'idée du repos à la substance,

qui forme la consistance des choses : et si cet élément matériel est essentiellement immobile, il est évident qu'un autre principe agite la nature; car tout y est en mouvement.

Je présente ces réflexions afin de faire sentir, dès le début, qu'aucune bonne théorie n'est possible en physique, tant que l'on s'obstinera à désigner par le mot matière les causes des effets les plus opposés. Au surplus, le repos est la négation du mouvement, comme l'obscurité est la privation de la lumière; et je regarde comme démontré que la matière est essentiellement immobile, puisque la difficulté de son déplacement s'accroît en raison de sa masse. Dans l'origine on regardait la substance saisissable comme l'unique élément de la nature, et c'est ce qu'on appela matière; le mot s'étendit ensuite avec les découvertes, et il désigne aujourd'hui la cause ignorée de tous les effets connus. J'ai cru que, pour donner à l'expression plus de précision et de justesse, il fallait lui rendre sa première signification, et n'appeler matière que la substance qui forme la consistance des corps.

La chaleur produit une sensation particulière, on pensa qu'elle avait un principe spécial. Des expériences constatèrent ensuite que le calorique était la cause de l'élasticité des fluides; mais on ne put l'appliquer de même à l'élasticité des solides, dont on confondit les vibrations avec la sonorité qui, à proprement parler, n'appartient qu'aux combinaisons gazeuses.

La marche des ondes liquides servit à expliquer la propagation du son et de la lumière. On supposa d'abord que des ondes se formaient dans l'air et y propageaient les sons; mais quand on arriva à la lumière, il fallut créer une substance propre à revêtir les formes onduleuses; car, à cet égard, la nature n'offrait rien. On imagina dans l'espace un éther imperceptible qui nous transmettait les vibrations qu'on supposa exister dans les corps lumineux.

Telle fut la progression des connaissances; elles s'avancèrent des composés aux simples.

L'esprit humain ne fait ordinairement de nouvelles acquisitions qu'en les rattachant aux anciennes. La science, en défaisant les œuvres de la nature, n'avait d'abord rencontré que des propriétés composées, et quand elle arriva à la simplicité de la lumière, elle voulut en expliquer les phénomènes avec les analogies précédemment observées; c'est-à-dire qu'elle étudia l'élément inconnu qui s'offrait à son examen avec les propriétés connues qu'il avait produites en se combinant dans les corps.

Ce contre-sens de la physique est une des conséquences de la marche suivie.

Quand on arrive des composés aux simples, les propriétés composées sont nécessairement examinées les premières; elles deviennent la base des connaissances futures, et lorsqu'ensuite les élémens se présentent, les systèmes sont déjà faits, et l'on prétend expliquer avec eux l'inexplicable simplicité des principes.

Les savans, en s'avançant de l'élasticité à la sonorité, et de celle-ci à la lumière, étaient enfin parvenus à une substance élémentaire; et comme les élémens ne s'expliquent pas, l'explication qu'ils en ont essayée devait être chimérique. Je prouverai qu'elle l'est effectivement, et que toute élasticité est due aux combinaisons des rayons du soleil avec la matière. Je commencerai par examiner quelle confiance mérite l'existence de l'éther avec lequel les physiciens prétendent rendre raison des phénomènes lumineux.

CHAPITRE III.

DISCUSSION DES THÉORIES PHYSIQUES.
EXAMEN DE L'HYPOTHÈSE DU FLUIDE ETHÉRÉ
ET DES ONDES LUMINEUSES.

Quand une hypothèse remplace un élément de la nature, on doit la retrouver partout. Aussi les ondes du fluide éthéré eurent cette fortune; on leur attribua la production de la lumière, des couleurs, de la chaleur et des combinaisons chimiques. Leur substance fut déclarée homogène; mais pour produire tant d'effets différens, on supposa des variétés dans leur étendue, et on alla même jusqu'à calculer la taille de chaque onde jaune, verte ou bleue.

Il semble qu'en créant l'hypothèse du

fluide éthéré, on ait oublié l'origine des propriétés qu'on lui attribue. En effet, on sait que le calorique est le producteur de toute fluidité, et il est démontré qu'il est la cause de l'élasticité des fluides. Si donc les ondes du fluide éthéré étaient la source de la chaleur, on se demanderait où il puise lui-même sa fluidité et son élasticité. On ne pourrait répondre qu'en lui supposant une fluidité et une élasticité natives, ce qui serait en faire un élément; mais alors à quoi bon créer un éther que rien n'indique, quand il était plus simple de reconnaître immédiatement les mêmes propriétés dans les rayons du soleil? La science eût sans doute pris ce parti, si déjà elle n'eût étudié l'élasticité des composés, leur fluidité et leurs ondes; elle voulut rattacher les phénomènes lumineux à ceux précédemment observés, et dès lors elle imagina dans le vide une élasticité particulière que la pensée peut supposer en vibration.

Telle est l'origine du fluide éthéré, et la question pourrait se réduire à savoir si c'est la lumière qui produit l'élasticité, ou si c'est l'élasticité qui produit la lumière (*). La réponse ne serait pas douteuse pour qui ne consulterait que l'instinct, et personne ne se fût avisé de créer un éther et des ondes à la place des rayons du soleil, si la direction donnée aux premiers travaux n'eût amené à étudier la nature à contre-sens.

La méthode de renverser l'ordre de la formation en remontant des composés aux élémens, a conduit au matéria-

_____

(*) L'élasticité des corps est une propriété composée qui ne se manifeste pas d'elle-même; il faut une action pour la mettre en jeu : aussi, pour compléter l'explication de la lumière au moyen d'un éther, on a créé des vibrations dans les corps lumineux.

lisme; car, dès que l'intelligence humaine se fut d'abord emparée de la saisissabilité des corps, elle dut en faire le point d'appui de toute certitude et la base des connaissances futures. Si au contraire on eût commencé par constater les propriétés de la lumière, on se fût assuré que la nature renfermait deux principes, et l'on eût ensuite étudié leurs diverses combinaisons (*).

Cette marche était simple, et probablement on l'eût suivie si elle se fût présentée la première; mais aujourd'hui elle contrarie la méthode adoptée, et les préjugés dont la raison triomphe le plus difficilement sont toujours ceux de la science; ils ont exercé la plus fâcheuse

(*) L'élément de la saisissabilité est le même que celui de l'immobilité, car ce qui forme la consistance des corps forme aussi leur repos; en sorte qu'on peut considérer l'univers comme renfermant deux principes généraux, celui du repos et celui du mouvement.

influence dans toutes les parties : la physique leur doit l'ignorance des mouvemens premiers; la physiologie, celle du principe vital, et la métaphysique, l'impossibilité d'expliquer l'union de la volonté avec l'exécution des actes.

Au surplus, l'élasticité du fluide éthéré ne suffisait pas aux explications des physiciens, et pour la mettre en jeu, ils ont imaginé les vibrations des corps lumineux. Ainsi, voilà une seconde hypothèse qui vient au secours de la première. Il en eût fallu une troisième pour expliquer la formation des appareils vibratoires, puis une quatrième afin de faire connaître comment et pourquoi ils entrent en vibration dans la combustion; mais on s'est prudemment arrêté. Il n'en est pas moins certain que la continuation des explications conduisait à la nécessité de créer des mouvemens premiers que sans le secours de tant d'hypothèses on eût pu d'abord reconnaître dans les rayons solaires.

A la vérité, quand on demande aux physiciens l'origine des vibrations du soleil, ils abandonnent les suppositions et répondent qu'on n'explique pas les principes ; mais, ici, il ne s'agit pas d'un principe, car les vibrations sont des accidens dont la science devrait rendre compte.

On conçoit que si la lumière est un élément de la nature, elle doit s'échapper des corps que la combustion détruit; mais on ne conçoit pas aussi facilement comment les physiciens ont admis dans chaque molécule combustible un appareil vibratoire invisible formé à l'imitation de celui qu'ils supposent dans le soleil (*). D'ailleurs, les rayons de l'astre

_____

(*) On pourrait ajouter que la combustion des corps détruirait les appareils vibratoires en les mettant en

du jour changent de direction et s'infléchissent pour venir nous trouver : donc la lumière est une substance ; car l'attraction n'exercerait aucune influence particulière sur les ondes d'un fluide qui, en repos comme en mouvement, remplirait toujours également l'espace.

La vitesse des propagations vibratoires dépend de la puissance d'agrégation des corps qui les reçoivent (*). On sait, par exemple, qu'elles avancent plus promptement dans certains solides que les sons dans l'air (**), et l'on se demande

mouvement, tandis que dans le soleil ils seraient indestructibles et dans une activité perpétuelle.

(*) Le mode d'agrégation des gaz doit être plus intense que ne serait celui de l'éther, à en juger par la résistance qu'ils offrent : comment se ferait-il que la propagation des sons dans l'air soit si lente, comparée à celle de la lumière qu'on attribue aux ondes du fluide éthéré ?

(**) On a porté un coup sur des tuyaux en fonte de la longueur de 900 mètres, et l'on s'est assuré que les vibrations se propagent plus rapidement dans le métal que les sons dans l'air.

comment il se ferait qu'elles seraient si rapides dans un éther dont les parties n'auraient aucune cohésion entre elles ?

Le besoin d'expliquer la diversité des couleurs a seul fait imaginer l'inégalité des ondes lumineuses, car les anneaux des ondes liquides ont constamment la même épaisseur ; mais cette inégalité devrait se détruire dans leur rencontre et produire des ondes nouvelles nécessairement uniformes. Cependant l'expérience du prisme retrouve et fait reparaître toutes les couleurs.

Supposera-t-on que les ondes lumineuses se rencontrent, se mêlent, et que chacune conserve sa taille particulière ? cela se conçoit si la lumière est le mouvement élémentaire ; car elle peut se composer de plusieurs natures de mouvemens ; mais ce phénomène est impossible dans les mouvemens communiqués.

Enfin, les rayons lumineux semblent

se modeler sur les corps, puisqu'ils nous en rapportent les formes, ce qui s'accorde encore assez mal avec la taille déterminée des ondes éthérées.

Ces observations me semblent suffire pour démontrer le néant de l'éther et de ses ondes. Toutes ces hypothèses, on ne saurait trop le répéter, doivent leur origine à la méthode de la décomposition, qui, en s'avançant des composés aux simples, a conduit à étudier la nature à contre-sens.

Voir, c'est sentir le mouvement élémentaire en liberté, c'est en quelque sorte toucher immatériellement; car la lumière n'a rien de matériel, et la rapidité des sensations qu'elle nous procure indique assez qu'elle se rapproche de la spiritualité et peut servir d'intermédiaire entre la matière et la pensée (*).

(*) La vie n'est qu'une modification des rayons so-

Les émissions lumineuses sont un fait attesté par nos sens. Euler en douta le premier, parce qu'il jugea qu'elles épuiseraient l'astre du jour; mais la nature se reproduit partout en recommençant le cercle, et il est probable que la lumière est ramenée à sa source par une route inconnue (*); c'est ainsi que les pluies rendent à la mer les eaux que l'évaporation lui enleva.

Le témoignage direct des sens a perdu son autorité, et les savans cherchent la vérité par des voies plus détournées, depuis que Galilée a découvert qu'ils nous avaient trompés sur l'immobilité de la terre. Cependant, alors même, ce fut moins eux que le rai-

laires, que chaque organisation s'approprie pour en faire le moteur de son mécanisme habituel.

(*) La terre reçoit le plus grand nombre de rayons solaires entre les tropiques, et s'en débarrasse par les pôles. (Voyez *Esquisse de la Nature humaine*, p. 119.)

sonnement qui nous égara en transportant au jugement des astres dans leurs rapports, ce qui était incontestablement vrai relativement à nous.

La science avait découvert que la lumière contenait les couleurs. Il fallait en conclure qu'elle se fixait dans les corps puisqu'ils étaient colorés. Cela eût été simple comme la nature. Au contraire, on imagina que les couleurs des corps n'étaient qu'un phénomène de réflexion qu'on cherche à expliquer en disant qu'ils paraissent blancs quand ils renvoient également les ondes lumineuses, qu'ils semblent noirs lorsqu'ils les éteignent et que les autres couleurs résultent d'effets intermédiaires. Cette hypothèse ingénieuse est fort peu satisfaisante; car, en éclairant un corps jaune avec des rayons rouges, il paraît orangé, c'est-à-dire de sa couleur propre confondue avec celle de la lumière qui l'é-

claire : donc les couleurs existent si-
multanément dans la lumière et dans
les corps.

Il est remarquable que la création des
systèmes faux exige presque toujours
plus d'efforts que n'en demande la découverte de la vérité. Par une fatalité
que je m'explique mal, les gens instruits
sont ordinairement disposés à s'éloigner
de la route facile; il semble que pour appeler leur attention il faille quelque raisonnement assez ingénieux pour échapper au bon sens vulgaire. Si avec moins
de travail on se fût assuré que la colo-
ration des corps était due aux rayons
solaires qui s'y fixaient, il s'en fût suivi
que c'étaient eux qui, dans la combustion, produisaient, en s'échappant, la
lumière et la chaleur (*).

(*) On devrait d'autant plus facilement admettre
que la combustion n'est qu'un dégagement des rayons
solaires que cette explication présente pour toutes

Cette découverte conduisait à celle des mouvemens premiers, car les mouvemens communiqués s'éteignent dès qu'on les arrête, tandis que la lumière retenue dans les composés conserve son activité intrinsèque et s'en échappe avec sa vitesse originelle.

Les émanations lumineuses suffisent à toutes les explications; mais on les a examinées après les impulsions, et l'esprit, préoccupé du calcul des déplacemens matériels, a méconnu le mouvement en lui-même, parce qu'il est insaisissable. C'est encore une conséquence de la marche des études : quand l'examen de la nature a commencé par la consistance des corps, on veut tout y rattacher; aussi, dès que la matérialité manque, le champ des hypothèses s'ou-

les lumières artificielles une unité de cause et une simplicité de moyens entièrement conformes à la marche de la nature.

vre, et c'est alors qu'on crée un fluide éthéré, des ondes sonores ou lumineuses et des appareils vibratoires pour les mettre en mouvement (*).

Toutes ces fictions étaient difficiles à inventer, et demandaient de l'instruction et même du génie, tandis que l'observation de ce qui existe eût suffi seule pour reconnaître la vérité (**).

(*) Le système des émissions solaires adopté par Newton est antérieur à celui des ondes lumineuses; mais il était insuffisant, parce qu'on l'avait conçu d'après l'observation des émissions matérielles en s'avançant des composés aux simples : marche dont la science ne s'est jamais départie, et qui devait nécessairement l'égarer sur la nature des principes. Le mouvement de la lumière ne résulte pas d'une impulsion, mais de la motilité qu'elle possède en elle-même; car elle est le mouvement élémentaire, et toutes les impulsions lui sont dues plus ou moins immédiatement.

(**) On serait tenté d'appliquer à la marche actuelle des études physiques ces paroles d'un auteur sacré : *Ambulavimus vias difficiles et erravimus à via veritatis.*

3.

Le soleil est l'unique source du mouvement; ses rayons animent la nature en se combinant avec elle, et la combustion ne fait ensuite que les reproduire à nos yeux. Ils sont le principe de la vie, et ce sont eux qu'on appelle calorique latent; car la chaleur n'est qu'un nom donné à l'agitation qu'ils portent dans la matière. J'expliquerai bientôt ce phènomène, mais avant je dois dire un mot des ondes sonores et de leur marche.

———

CHAPITRE IV.

Discussion des théories physiques; examen de l'hypothèse des ondes sonores; explication de la sonorité des gaz et de l'égalité de la propagation des sons. L'excitabilité et la contractilité musculaires sont un mode particulier d'élasticité produit par la vie.

L'idée des ondes hypothétiques est empruntée aux liquides. Ils doivent la propriété d'en former au mode spécial d'agglomération qui les place entre les solides et les fluides, en donnant à leurs parties trop d'union pour se séparer sans effort, et pas assez pour produire des vibrations. Il n'en est ainsi ni des gaz ni des corps solides, qui par conséquent ne peuvent jamais offrir de véritables ondes. Cependant, les physiciens, sans s'arrêter à cette difficulté, qu'ils semblent n'avoir pas aperçue, décident que des ondes se forment dans l'air, et que la sonorité n'est qu'une application de l'élasticité des corps à un usage particulier. Par là, ils confondent les vibrations et les sons, qu'il est nécessaire de distinguer si ces deux phénomènes d'élasticité sont produits, comme je le pense, par des combinaisons où le mouvement agit d'une manière opposée. Il me semble, en effet, que dans les solides la matière absorbe le mouvement et le renferme dans les corps; delà leur consistance et l'immobilité de leurs formes : tandis que dans les fluides, au contraire, c'est le mouvement qui tient la matière en dissolution; de là une circulation intérieure, et l'expansion continuelle des molécules, qui ne leur permet de s'arrêter à aucune forme déterminée.

Les vibrations des solides résultent

d'impulsions accidentelles qui se communiquent de proche en proche en suivant la continuité de leurs agrégations (*); tandis que dans les fluides il n'existe aucune agrégation matérielle, c'est le mouvement qui s'y trouve en état de continuité, et les accidens vibratoires ne font que lui imprimer une agitation d'une nature particulière qui, en certains cas, produit des sons (**).

On peut s'étonner que les physiciens

(*) Frappez une poutre à une extrémité, la vibration se communique aussitôt à l'autre; mais elle s'arrête si vous la frappez transversalement : ainsi elle suit la direction des fibres.

(**) L'uniformité du mouvement intérieur de l'air explique bien plus simplement l'égalité de la propagation des sons, que toutes les hypothèses qu'on a si laborieusement imaginées à ce sujet. Quand les vibrations des corps sonores portent principalement sur le mouvement des combinaisons gazeuses, le son produit est d'une grande pureté; et plus, au contraire, elles agissent sur la partie matérielle, plus il en résulte de bruit.

qui considèrent la propagation des sons
dans l'air comme un phénomène d'é-
lasticité, aient emprunté pour l'expliquer l'idée des ondes aux liquides; car
ceux-ci ne sont que de l'air dépouillé du
calorique qui le rendait élastique.

A la vérité, le principe de la chaleur
n'est pas mieux connu que celui de l'é-
lasticité; mais qu'on veuille examiner la
nature des rayons solaires, et l'on se
convaincra qu'ils sont mouvement par
eux-mêmes, et que la chaleur n'est rien
autre chose que l'agitation qu'ils portent dans les corps.

Les rayons solaires, ou, si l'on veut,
le calorique, communiquent aux combinaisons fluides une action intérieure
qui repousse la compression, en tra-
vaillant sans cesse à étendre leur partie
saisissable; c'est ce qu'on nomme leur
élasticité (*).

(*) Dans les combinaisons gazeuses, le mouvement

Les solides offrent une combinaison opposée : chez eux, la partie saisissable domine ; elle y est en état de continuité, et le mouvement, en se renfermant dans des formes, leur donne la puissance de revenir sur elles-mêmes quand on les contrarie. Telle est la cause des phénomènes d'élasticité par flexion et par extension.

Ces explications, que je crois aussi vraies qu'elles m'ont paru simples, se rattachent à la physiologie. En effet, la contractilité et l'excitabilité musculaires sont des phénomènes d'élasticité dus à

travaille continuellement à l'expansion de la matière, ce qui leur donne une action intérieure pour résister à la compression ; mais si celle-ci est plus puissante, elle entraîne la partie matérielle des gaz, et la lumière s'en dégage : c'est ce qui arrive dans l'expérience du briquet pneumatique, où la partie matérielle de l'air subitement refoulée laisse à nu le mouvement élémentaire, c'est-à-dire les rayons solaires qui s'échappent aussitôt.

la vie des animaux, qui la forment en individualisant le mouvement. C'est toujours une puissance intérieure, née de l'union des rayons solaires avec la matière ; car la vie n'est rien autre chose; partout en se combinant ils portent dans les composés l'action qui leur est propre : voilà le secret de la nature, et si la cause est restée si long-temps cachée sous ses effets, c'est que l'observation s'est arrêtée à l'examen de ceux-ci.

On a supposé qu'il existait dans l'univers un principe attractif et un principe répulsif, et l'on a attribué l'élasticité des solides au premier et celle des fluides au second. Cette erreur est encore une suite de la marche des études. Quand l'examen de la nature commence par les composés, l'opposition des effets fait supposer des causes contraires, quoiqu'il soit évident que les accidens d'élasticité sont tous des phénomènes de mouvement.

Dès que Newton eut découvert que l'élasticité des fluides était due au calorique logé dans les interstices de leurs molécules, il était démontré par voie d'expérience que celle des solides avait la même cause. En effet, il suffisait de mettre de l'eau sur le feu pour reconnaître que l'élasticité gazeuse se formait avec le calorique qui se dégageait du solide mis en combustion. Donc le principe d'élasticité ne faisait que passer des solides aux fluides en changeant de mode de combinaison.

Dans les cours de physique on parle sans cesse des fluides sans bien définir ce que c'est que la fluidité. Cependant, il est incontestable que la liquéfaction, la vaporisation et l'électro-magnétisme offrent une série de phénomènes où le mouvement va croissant jusqu'à la lumière, où il s'arrête comme à sa source (*).

Il importe, lorsqu'on étudie la formation de la sonorité, d'examiner le passage de l'élasticité des solides à celle des fluides. Les liquides placés dans l'intermédiaire indiquent comment le changement s'opère, et la preuve de leur peu de sonorité résulte de l'obstacle qu'ils opposent à la propagation des sons (**). On sait, par exemple, qu'un brouillard épais les arrête à une faible

---

(*) La chaleur liquéfie et finit par réduire en vapeur la plupart des solides, et l'on a vu que le calorique n'est qu'un nom donné aux rayons solaires combinés dans les corps. Au surplus, tout le monde sait que l'électro-magnétisme abonde en phénomènes lumineux.

(**) La diminution du son suit les progrès de la solidification des gaz, et le contraire s'observe dans la vaporisation des solides : on peut en conclure que la sonorité est une propriété propre à la nature de l'élasticité gazeuse.

distance, et que le corps le plus retentissant cesse d'en produire en le plongeant dans un liquide. On trouve encore dans le mutisme des poissons un indice de l'insonorité de l'eau. Les percussions d'un timbre placé sous le récipient de la machine pneumatique, prouvent que les sons s'éteignent dans le vide et renaissent avec le retour de l'air; on en avait conclu qu'il était le seul corps véritablement sonore. Depuis on a cru que la sonorité appartenait à toutes les vibrations, parce qu'elles font naître des sons en arrivant à nos oreilles (*). Mais celles-ci renferment de l'air, et malgré les expériences dont on s'appuie, il semble rigoureusement démontré que les vibrations ne sont pas

(*) Les sons produits dans l'air renfermé dans nos oreilles ne prouvent pas que les vibrations qui les causent soient des sons, mais que la continuité des molécules transmet les vibrations.

des sons, puisque la surdité laisse sentir les vibrations à ceux pour qui les sons n'existent pas. D'ailleurs, on vient de voir que les unes nous parviennent par une suite d'ébranlemens matériels qui se communiquent de proche en proche, tandis que les autres nous sont transmis par le mouvement intérieur de l'air, qui ne permet pas à la matière de s'y agglomérer (*).

En effet, c'est à la continuité matérielle des combinaisons solides qu'elles doivent la propriété de former des vi-

(*) Le toucher nous inspire une si grande confiance, qu'on a voulu assimiler toutes les autres sensations à celles qu'il nous procure; cependant le toucher résulte d'un contact matériel immédiat, et la vue, au contraire, est due aux impressions que nous recevons d'un intermédiaire immatériel : l'un s'adresse principalement à la matérialité des organes, l'autre, à la vie qui les anime. Les autres sens participent tous, dans des proportions différentes, de ces deux manières d'être affectés.

brations; tandis qu'au contraire c'est la
dissolution de la matière dans le mouvement des gaz qui constitue leur sonorité. Aussi, dans le passage de la glace à
l'état de vapeur, la sonorité se déclare
alors que la *vibracité* a disparu, et l'on
peut assurer que le contraire arrive dans
la transition opposée. Les liquides, dont
la consistance est intermédiaire, sont
remarquables par la lutte que présente
leur état éphémère et douteux; car le
mouvement y travaille à dissoudre la
matière, qui de son côté tend sans cesse
à s'y agglomérer; en sorte que les sons
qui s'y forment se trouvent aussitôt arrêtés, et que les vibrations s'y métamor-
phosent en ondes.

Faites passer l'eau à l'état de congéla-
tion, elle se solidifie, ses molécules s'ag-
glomèrent, et l'élasticité par flexibilité se
déclare. Exposez-la à la chaleur, elle se
liquéfie, le mouvement y augmente, ses

parties n'ont presque plus d'adhérence, et l'élasticité par flexibilité disparaît. Enfin, réduisez l'eau en vapeur, son volume s'accroît alors prodigieusement, la continuité du mouvement remplace celle de la matière, l'élasticité par compressibilité se manifeste, et la sonorité avec elle.

Le calorique domine dans les gaz, tandis qu'il est emprisonné dans la forme des solides : de là la sonorité des uns et la *vibracité* des autres.

Ce que j'ai dit de la diversité de taille des ondes lumineuses est en tout point applicable aux ondes sonores. On prétend que l'étendue de celles-ci varie depuis les infiniment petits jusqu'à trente-deux pieds; et, pour donner quelque consistance à cette supposition, on cherche à l'appuyer sur des calculs qui lui sont étrangers.

Il est certain que dans la formation

des sons la rapidité des vibrations croît en raison du raccourcissement du corps sonore, en sorte que la diminution de longueur est exactement compensée par l'augmentation de vitesse. Un tuyau d'orgue, par exemple, qui, s'il a 32 pieds, vibre 32 fois par seconde, vibre 64 fois dans le même temps s'il n'a que 16 pieds. Il en est ainsi pour toutes les longueurs et pour toutes les vitesses comparées(*). Partant de cette observation, on a supposé que des ondes analogues propageaient les sons dans l'air, et l'on a mesuré leur taille en établissant une proportion entre le temps employé et l'espace parcouru; mais l'exactitude de ce calcul, qui

(*) Le rapport entre la longueur du corps sonore et la rapidité de ses vibrations, d'où il semblerait que l'on fait dépendre la taille des ondes sonores, n'est pas applicable aux instrumens à cordes; car la tension augmente la rapidité de leurs vibrations sans altérer la longueur du corps vibrant.

repose sur l'examen des vibrations, ne prouve rien quant à l'existence des ondes qu'on suppose dans les gaz, et à cet égard la question reste toute entière. J'ai démontré que la nature des combinaisons gazeuses ne permet pas à des ondes de s'y former; et je ferai remarquer que tous les accidens qui influent sur la rapidité des vibrations, tels que le raccourcissement, la grosseur du corps sonore et sa tension, tiennent à la nature des agrégations solides et sont inapplicables à celles des gaz, en sorte que rien d'analogue ne peut s'y produire (*).

Les physiciens n'indiquent pas clairement comment se forment les ondes sonores, et encore moins comment, avec une étendue de 32 pieds, elles s'a-

---

(*) Les fluides ne sont susceptibles ni de tension ni de raccourcissement. Tous ces changemens sont des accidens qui influent sur la forme des corps, et les fluides n'en ont pas.

vancent sans être brisées. On sait d'ailleurs que les sons, en expirant dans l'air, laissent entendre la 12ᵉ et la 17ᵉ à l'aigu, et font résonner leurs octaves : d'où il suivrait qu'une seule onde pourrait en produire de toutes les tailles.

Les phénomènes du son ont une grande analogie avec ceux de la lumière, car elle contient les couleurs à peu près comme le mouvement de l'air contient les sons. Un accident de réfraction montre les unes, un accident de vibration fait entendre les autres; et il est remarquable que la gamme mineure présente les sons dans le même ordre que les couleurs dans les bandes successives de l'arc-en-ciel. Au surplus, ces phénomènes ont une origine commune, car nous devons la lumière à l'expansion libre des rayons du soleil, et la sonorité au mouvement continuel qu'ils entretiennent dans les combinaisons gazeuses.

CHAPITRE V.

EXPLICATION DE LA CHALEUR; PRINCIPALES CLASSIFI-
CATIONS DES COMBINAISONS DU MOUVEMENT AVEC LA
MATIÈRE; ANALOGIE DU FLUIDE ÉLECTRO-MAGNÉTI-
QUE AVEC LA VIE INDIVIDUELLE : CONSIDÉRATIONS A
CE SUJET. NÉCESSITÉ D'ASSEOIR LA PHYSIOLOGIE SUR
LA PHYSIQUE. RÉSUMÉ SUR LA MARCHE SUIVIE DANS
L'ÉTUDE DE LA NATURE.

La lumière, la chaleur et l'élasticité
sont produites par le mouvement élémentaire : nous nommons lumière la
cause des impressions que nos yeux en
reçoivent; chaleur, la sensation qu'il
nous fait éprouver en pénétrant notre
organisation; et élasticité, l'action qu'il
porte dans les composés en s'y combinant.

Les rayons solaires nous éclairent
tant que leur expansion continue au-

tour de nous ; mais la lumière cesse dès
qu'ils sont arrêtés dans une combinaison. Ils échauffent l'atmosphère en s'u-
nissant aux vapeurs que la terre exhale;
et si nous examinons le travail de la nature, nous pouvons facilement nous assurer qu'ils entrent dans la formation
de tous les végétaux.

En effet, un arbre en croissant s'empare chaque jour et confond dans sa substance une certaine quantité de rayons
solaires; mais on les en sépare ensuite en
le brûlant, et l'on reproduit la lumière;
car la combustion désunit les principes
que sa végétation avait rassemblés (*).

Les rayons solaires agitent les molécules des corps en les pénétrant. Cette
agitation est ce que nous nommons
chaleur; c'est le travail qui précède la

(*) Le frottement produit la chaleur, parce qu'il
détruit les corps et remet en expansion le mouvement
qui s'y trouvait combiné.

formation ou qui accompagne la destruction des composés; elle se met en équilibre et se communique, car le mouvement engagé dans la matière s'y étend jusqu'à ce qu'il s'y fixe ou s'en échappe.

Toute combustion dégage du mouvement, et par conséquent produit de la chaleur; mais la cause de celle-ci ne devient lumineuse qu'alors qu'elle abandonne complètement la matière et se reproduit en liberté; jusque là les effets de la chaleur se rapprochent de ceux de la lumière à mesure que son intensité augmente (*).

Nous devons aux rayons du soleil la lumière et la chaleur; mais l'une est l'effet de l'expansion du mouvement hors de la matière, et l'autre n'est qu'un nom donné à l'agitation qu'il porte dans la

---

(*) Une chaleur intense traverse le cristal à peu près comme la lumière, tandis qu'il arrête une chaleur médiocre.

matière en s'y engageant. Il arrive de là
qu'à mesure qu'on s'éloigne de la terre
la lumière du jour augmente, tandis que
la chaleur diminue. Il est certain qu'à
une grande élévation, même sous les
tropiques, la neige ne fond plus dans
aucun temps.

Ainsi, pour séparer les rayons solaires de la chaleur qu'ils produisent, il
suffit de les isoler des émanations terrestres : c'est ce que l'art obtient sous le
récipient de la machine pneumatique,
et ce qui arrive naturellement au-delà
de l'air atmosphérique (*).

(*) Quoique les rayons du soleil arrivent sur les
hauteurs avant de descendre dans les vallons, cependant la chaleur se forme toujours dans les plaines ;
et l'expérience prouve que la combustion répand
moins de chaleur dans les lieux très-élevés, comme
on l'a observé au Thibet. Au reste, nous apprécions
mal la chaleur du soleil quand nous en jugeons par
les effets que ses rayons produisent sur la terre; car
la chaleur est le résultat du mélange : les rayons solaires sont le mouvement élémentaire, et la chaleur

Le soleil et la terre sont les sources du mouvement et de la consistance des corps, et nous ne sommes entourés que de combinaisons diverses formées par leur union.

On peut les ranger en trois classes principales relativement à la dégradation du mouvement; les fluides, les liquides, et les solides. La terre fournit la base de la consistance des corps; c'est cette substance que j'appelle matière. Il est impossible, dans l'état actuel, de la dégager entièrement du mouvement; mais l'expérience prouve que la densité et la fixité des corps diminue quand le mouvement augmente, et s'accroît, au contraire, quand il diminue : on sait, par exemple, que l'augmentation de la chaleur vaporise l'eau, et que sa soustraction la fait passer à l'état de glace. Dans

est l'agitation qu'ils portent dans la matière en s'y engageant.

les solides la matière domine; ils nous donnent l'idée du repos. Les liquides, placés dans un état intermédiaire, conservent un caractère douteux; un peu plus de mouvement les vaporise, un peu moins les solidifie. Quant aux fluides, et surtout au fluide électrique, ils nous offrent le mouvement presque sans entraves; et je vais dire un mot de ce dernier avant de m'occuper de la formation de la vie individuelle, avec laquelle il a la plus grande analogie.

On désigne aujourd'hui sous le nom d'électro-magnétisme, la cause des phénomènes magnétiques, galvaniques et électriques. Le fluide électro-magnétique est un mixte où les rayons solaires sont en surabondance. C'est en quelque sorte la vie de la terre, car c'est la portion du mouvement élémentaire dont elle forme son mouvement particulier (*). Sa

(*) Ceci explique l'influence du soleil sur les phé-

vitesse n'a pas encore été calculée, cependant elle est loin d'égaler celle de la lumière, puisqu'elle ne fait parcourir à notre planète qu'environ 23,000 lieues par heure (*).

L'union des deux élémens que renferme l'électricité donne à son action un caractère violent qui peut briser les corps les plus solides (**), tandis que la

noménes magnétiques, sa liaison avec les variations de l'aiguille aimantée, et la différence des états galvaniques que les changemens de température font prendre aux corps. Il paraît qu'on est parvenu, en isolant les rayons lumineux violets et les faisant tomber sur des aiguilles d'acier, à les aimanter; ce qui suppose entre eux et le fluide électrique une grande analogie, si ce n'est une identité complète.

(*) La lumière ne met guère que huit minutes à parcourir environ trente-quatre millions de lieues qui nous séparent du soleil.

(**) Le fluide électrique ne brise les corps que parce qu'il entre de la matière dans sa formation, c'est-à-dire quelque chose du principe constitutif de la consistance des choses.

lumière ne laisse pas même apercevoir la possibilité d'un choc : tout en elle est mouvement, elle agite la matière et peut en diviser les molécules; mais jamais elle ne vient heurter la consistance des choses.

Les phénomènes du fluide électro-magnétique ont de l'analogie avec ceux de la vie individuelle; il est produit par les rayons solaires, que la terre reçoit en majeure partie entre les tropiques, et qu'elle exhale probablement par les pôles (*). Il en résulte une circu-

(*) Je crois que telle est la cause des aurores boréales et de l'accumulation d'électricité que l'on rencontre vers les pôles. La chaleur que la terre produit en formant sa vie, c'est-dire sa force motrice, doit être plus forte intérieurement qu'au dehors, et c'est ce que l'observation semble confirmer; mais il ne s'ensuit pas que les planètes soient des soleils éteints, car leur nature, leurs fonctions et les rapports des astres entre eux les placent dans un ordre tellement différent que les hypothèses n'auraient jamais dû les confondre.

lation et un travail intérieur d'où l'air atmosphérique s'échappe autour de notre globe comme une sorte de transpiration.

L'homme s'empare du mouvement élémentaire en respirant l'air qu'il décompose pour former sa vie. Le mécanisme organique la renouvelle et la consomme en égale proportion; elle circule avec le sang, et produit aussi une exhalaison vaporeuse où le corps humain se trouve plongé.

Le propre de la vie est de communiquer à l'organisation qu'elle anime une action continuelle qui commence par la développer et finit par l'user, dès qu'elle a acquis sa perfection, ce qui la conduit ensuite à une destruction plus ou moins prompte.

La vie produit dans l'individu de la chaleur et du mouvement. Considérée en elle-même, elle en est la cause et n'est rien autre chose; il est d'autant plus nécessaire de reconnaître cette vérité, que chaque organisation modifie le principe vital en l'appropriant à ses besoins.

Jusqu'ici l'incertitude des théories physiques n'a pas permis aux physiologistes d'en faire la base de leurs travaux ; la crainte de s'égarer dans les hypothèses les a déterminés à prendre le mécanisme du corps humain pour point de départ, et le secret de la nature a dû leur échapper, car leurs études ont commencé par son ouvrage le plus compliqué. Il est pourtant nécessaire de remonter aux principes des choses avant de passer à l'examen des organisations, et tant que la physiologie ne prendra pas ce parti, ses connaissances exciteront le besoin des explications sans pouvoir le satisfaire, et n'enfanteront que des systèmes insuffisans.

La physique, dans l'état actuel, n'offre pas un ensemble dont on puisse rattacher les détails aux lois d'un système universel. Les savans ont constaté des faits et saisi quelques analogies ; mais la science ne présente encore qu'une réunion d'expériences à peu près sans liaison entre elles. On a voulu, cependant, ne voir partout qu'un principe unique appelé matière, et dès lors il n'a plus été possible de préciser le sens attaché à ce mot : de là les efforts infructueux qu'on a faits pour concilier le mouvement et l'inertie. Bientôt l'élasticité, le calorique, la sonorité et le besoin d'expliquer les phénomènes lumineux, ont conduit ceux qui rejettent des voies de la science tout ce qui n'est pas saisissable, à créer eux-mêmes une substance idéale qu'ils ont nommée fluide éthéré : étrange contradiction ! qui, par amour du positif, amène à l'idéalisme le plus chimérique.

On refusera peut-être tout examen

à la théorie que je viens d'exposer, parce qu'on ne la trouvera pas entourée d'assez d'expériences; mais je prie d'observer qu'elles sont déjà faites et que le changement proposé consiste uniquement à descendre des élémens aux composés, au lieu de s'efforcer, comme on l'a fait jusqu'à ce jour, de remonter des composés aux élémens. Il ne s'agit pas d'abandonner les connaissances acquises, mais seulement de donner une direction plus rationnelle à la marche des études, et l'on sentira que l'analogie qui a conduit les physiciens à créer un fluide élastique pour expliquer la lumière est la preuve la plus complète qu'elle contient en elle le principe de l'élasticité. La question se réduit donc à savoir si les rayons solaires en sont l'effet ou la cause; et certes la solution ne serait pas douteuse, à ne consulter que le bon sens vulgaire.

Je crois avoir prouvé que la marche actuelle des études est en contradiction avec celle de la nature; que chercher dans la destruction de ses œuvres à remonter des composés aux simples, c'est l'étudier à contre-sens; que c'est commencer par la fin, et qu'il vaut mieux commencer par le commencement; qu'en suivant l'ancienne méthode, les propriétés composées, en s'offrant les premières, prennent la place des élémens et servent d'explication à ceux-ci quand on les examine plus tard; que c'est ainsi que, pour rendre raison des phénomènes lumineux, on a fini par créer une élasticité chimérique dans un fluide imaginaire, tandis qu'il eût été plus sûr et plus facile d'étudier d'abord les propriétés des rayons du soleil.

CHAPITRE VI.

Discussion des bases principales du matérialisme. Examen de la cause de l'instinct des animaux, et de celle de la perfectibilité de l'homme : raison qui circonscrit leur intelligence dans le cercle de leurs besoins, et qui permet a la nôtre de se développer. Preuve de l'existence de l'ame.

Le système sur lequel j'appelle aujourd'hui l'examen est le fruit d'une longue suite d'observations; sa marche est simple comme celle que doit suivre la nature, et je n'ai eu recours à aucune hypothèse, parce qu'elles me semblent toujours périlleuses.

Les gens instruits sont généralement de cet avis, et réduisent les réalités de la science aux résultats prouvés par l'expérience; mais, comme il est dans le génie de l'homme de chercher les causes après avoir observé les effets, ils se font tous en particulier des systèmes auxquels ils ont plus ou moins de confiance.

Après avoir long-temps espéré arriver à la découverte des principes premiers, on l'abandonne aujourd'hui, et l'on se félicite d'échapper ainsi aux suppositions hasardeuses. On traite même d'insensés ceux qui s'occupent encore à chercher les causes, et quelques savans se hâtent de proclamer qu'elles resteront à jamais inconnues.

Cette déclaration, quoique peu satisfaisante, aurait son utilité si elle mettait fin aux écarts de l'imagination; mais, au contraire, c'est précisément l'ignorance des causes qui multiplie les systèmes, et jamais la physique, la physiologie et le spiritualisme n'en ont enfanté davantage. L'unique moyen d'échapper aux hypothèses est, à mon avis, de recommencer l'étude de la nature par ce qu'elle offre de plus simple et de plus universel, c'est-à-dire par la lumière (*).

L'habitude où nous sommes de nous emparer des corps nous persuade qu'ils sont faciles à connaître, parce qu'ils sont à notre disposition et qu'en effet nous les possédons mieux; cependant, il est plus rationnel d'arriver du simple aux composés, que de remonter des composés au simple. Au surplus, la méthode actuelle, après avoir enfanté une foule de chimères en cherchant les causes, termine sa carrière par l'aveu d'une ignorance insurmontable. Ce résultat

(*) Il faut étudier la nature des rayons solaires comme un élément des choses; car, tant qu'on s'obstinera à n'y chercher que les effets d'un principe inconnu, les expériences de la polarisation et de la double réfraction de la lumière, quelque curieuses qu'elles soient, n'enfanteront que des hypothèses et ne conduiront à aucune bonne théorie.

n'est pas assez satisfaisant pour qu'on puisse y voir une conquête précieuse, car il enlève à la physique jusqu'à l'espérance d'une bonne théorie, et ne permet pas à la physiologie d'y trouver l'appui dont elle a essentiellement besoin.

La marche que je propose exclut les hypothèses et réunit toutes les sciences par un lien commun, en sorte que les explications physiologiques ne seront plus ensuite qu'une application des élémens de la nature à un usage particulier. Il m'a paru qu'un exposé succinct des propriétés élémentaires était une introduction indispensable à l'étude de l'homme. Je n'ai pas prétendu offrir un traité de physique, mais je crois avoir indiqué la véritable direction qu'il conviendrait de lui donner (*).

(*) Un cours de physique comme je le conçois commencerait par l'exposé du système de l'univers. On

Au reste, je n'ai fait que reprendre la voie de l'instinct, que la science avait abandonnée, et mes idées, loin d'être neuves, doivent être aussi anciennes que le monde.

Il semble, en effet, que l'inspection des astres suffit pour apprendre qu'il en existe de deux espèces (*); que, par

y trouverait la preuve que le soleil et les planètes ne sont pas de la même nature, qu'ainsi il faut admettre deux premiers principes. On reconnaîtrait que la substance qui forme la consistance des corps nous donne seule l'idée du repos, tandis que la lumière est essentiellement mouvement. Passant ensuite aux composés, on étudierait successivement la formation des fluides, des liquides et des solides. Je voudrais qu'on examinât les rayons solaires avant les corps, parce que la lumière s'y trouve dégagée de matérialité, tandis que la consistance des corps n'est jamais dégagée de mouvement.

(*) Je ne parle pas des comètes, dont les émanations ne semblent pas concourir essentiellement à la formation des corps, et qui peuvent être examinées séparément de ce qui concerne la terre en particulier.

conséquent, la nature physique doit contenir deux principes, et que le soleil, placé au centre de l'univers, répand partout le mouvement et la vie en pénétrant de ses rayons les planètes qui l'entourent.

La lumière nous offre le mouvement sans mélange de matérialité, et nous le concevons avec peine, tandis qu'au contraire nous admettons facilement la matière sans mouvement, quoiqu'elle n'existe nulle part (*). Cette matière inconnue inspire même à quelques-uns une confiance qu'ils refusent à tout le reste.

Selon eux, la matière est tout ce qui manifeste sa présence par une action

_____

(*) La matière purgée de tout mélange avec les rayons du soleil doit paraître noire, et certaines personnes prétendent l'avoir obtenue ainsi : il paraît même que c'est une des premières opérations du grand œuvre des alchimistes.

quelconque; l'être spirituel qui n'aurait pas d'étendue, ne pourrait agir sur un corps, et ce que nous appelons âme n'est que le produit d'un mécanisme perfectionné.

A l'appui de cette opinion, ils citent la marche de la nature, qui s'avance de l'élasticité des métaux à la contractilité végétale des sensitives, pour arriver enfin à la sensibilité animale. Ils rappellent que les organisations suivent la même progression, et se perfectionnent en passant des végétaux aux animaux, de ceux à sang froid à ceux à sang chaud, et de ceux chez qui le système nerveux commence à se former, jusqu'à l'homme qui termine la chaîne des êtres.

Si l'âme existe, ajoutent-ils, comment, sans le corps, formerait-elle des souvenirs? comment verrait-elle sans yeux, entendrait-elle sans oreilles? En quoi, au surplus, différonsnous des animaux ? Ils pensent et agissent comme nous, nous naissons et mourons comme eux.

Tels sont les principaux argumens des matérialistes; je vais les examiner rapidement avant de m'expliquer sur les relations de l'âme avec le corps.

Tout est matière, selon eux; car, relativement à nous, rien n'existe que ce qui manifeste sa présence par une action quelconque : l'intelligence et Dieu même rentrent dans ce cercle. Mais, en donnant au mot une acception aussi illimitée, il n'a plus aucune signification spéciale, et devient un véritable non-sens. Originairement, on entendait désigner par la matière la substance qui forme la consistance des corps, et tant qu'on n'aura pas prouvé qu'il n'existe qu'un principe unique, on doit conserver l'ancienne définition et distinguer par les noms ce qu'on distingue par la pensée;

car, au lieu d'éclairer la discussion, on ne fait que l'embarrasser en la commençant par une confusion de langage.

L'âme, dit-on, n'aurait pas d'étendue, et l'être étendu pourrait seul agir sur un corps.

C'est décider la question par la question, et poser en fait ce qu'il s'agit de prouver. Au surplus, la lumière exerce sur nous une action incontestable, et je crois avoir démontré qu'elle n'a pas d'étendue matérielle, en ce sens que la matière se borne à la substance saisissable. Sans doute, on peut encore méconnaître les deux élémens de la nature, et confondre le mouvement que les rayons du soleil nous apportent avec la consistance des corps que la terre fournit, et je ne puis à cet égard que demander un examen attentif.

On prétend que l'âme n'est qu'un nom donné à certains effets du méca-

nisme organique; mais le mécanisme le
plus ingénieux ne change pas la nature
des choses, et jamais avec de la matière
on ne fera de la pensée. Présenter une
telle théorie, ce n'est pas chercher à
éclairer la raison, c'est demander qu'elle
s'humilie devant un mystère d'un nouveau genre. J'ignore, je l'avoue, où commencent, dans la chaîne des êtres, l'intelligence et la sensibilité; mais je sais
qu'il est impossible que le mouvement
et la matière produisent rien de semblable.

Deux élémens physiques sont destinés à s'unir dans la formation des corps;
mais en se combinant ils ne changent
pas de nature, et ne peuvent produire
que des agitations au dedans et des impulsions au dehors; car c'est tout ce
qu'on obtient avec de la matière et du
mouvement. Il y a loin de là aux sensations et aux pensées; la raison est forcée

de l'avouer, et de reconnaître dans l'homme un être sensible et intelligent, essentiellement différent des principes dont son corps est composé.

La nature s'avance par des progressions ménagées; elle marche de degré en degré, et semble s'être essayée dans l'organisation des animaux avant de parvenir à l'homme. Ils ont avec nous de nombreuses analogies, mais prétendre découvrir chez eux le principe de notre intelligence, c'est abandonner la base de nos connaissances pour chercher des lumières dans un être inconnu. Il est évident que nous ne pouvons nulle part étudier notre âme aussi bien qu'en nous-mêmes, et que tous nos jugemens sur celle des animaux se réduisent à des comparaisons avec nous (*).

(*) Des idées religieuses mal conçues persuadent à la multitude que les animaux n'ont pas d'âme. Je conçois qu'on puisse conclure des lois de leur nature,

Au surplus, on voudrait en vain confondre l'homme et la brute : la perfectibilité et la moralité tracent entre nous et eux une ligne de séparation qu'on ne peut méconnaître, et qui forme dans la chaîne des êtres l'interruption la plus tranchée.

Chez nous l'intelligence commande et dispose librement du corps soumis à son empire. Chez eux, au contraire, elle obéit aux exigences de l'organisation, qui lui apprennent ce qu'elle doit vouloir; et c'est ce que nous nommons instinct. Si j'examine les conséquences de cet ordre de choses, je m'assure que c'est précisément parce que l'intelligence des animaux est soumise à leur organisation, qu'elle ne se perfectionne jamais.

qu'ils n'ont ni punition ni récompense à attendre au-delà de cette vie; mais il faut s'arrêter là, car les révélations et les lumières naturelles ne nous en apprennent pas davantage.

En effet, l'uniformité des produits est la conséquence forcée de l'assujétissement de l'intelligence au service d'un corps, dès que les appétits qui la dirigent se répètent les mêmes; aussi les hirondelles construisent leurs nids comme elles les construisaient et comme elles les construiront toujours (*).

(*) La volonté de l'homme commande à son organisation et la sert à son gré, tandis que celle des animaux est circonscrite dans le cercle tracé par leurs besoins. De là l'extrême variété de nos formes et l'uniformité des leurs. Quand ils passent à l'état de domesticité, leur intelligence entre à notre service; ils ne vivent plus pour eux, mais pour nous, car nous les arrachons à leur nature pour les soumettre à nos fantaisies : aussi leurs formes s'altèrent et leurs maladies se multiplient. Ce que j'admire dans l'éducation qu'on parvient à donner à certains animaux, c'est l'habileté des instituteurs à s'emparer de la puissance de l'organisation sur l'intelligence de leurs élèves, pour la détourner de ses voies et les faire obéir aux volontés du maître. On a vu des chiens exécuter en ce genre des choses extraordinaires : tels que *Munito*, *Fido* et *Bianco*, qui calculaient promptement et

L'intelligence humaine, au contraire, domine l'organisation, et c'est parce que ses déterminations se forment avec indépendance, que souvent elles s'égarent. Le suicide en est une triste preuve; car si notre volonté était soumise aux besoins du corps, elle ne pourrait jamais s'en séparer et lui commander de se détruire.

très-bien. Mais rendez-les à l'état sauvage, abandonnez leur intelligence à l'empire de l'organisation, et Munito, Fido et Bianco recommenceront à chasser et à faire ce que les autres chiens ont fait et feront à jamais.

On a beaucoup parlé de l'état de nature, mais cet état pour les bêtes est la soumission de l'intelligence aux besoins du corps, et pour l'homme, au contraire, la domination de la volonté sur ces besoins. La différence d'homme à homme et de la civilisation à l'état sauvage, consiste en ce que l'empire de la volonté s'exerce avec plus ou moins de lumières et plus ou moins de brutalité. La distinction que je viens d'établir entre l'intelligence des bêtes et celle de l'homme est très-importante et me paraît mériter la plus sérieuse attention.

Les animaux sont asservis aux appétits auxquels l'homme doit commander. Leur corps possède leur âme, tandis que la nôtre fait le destin du corps qu'elle gouverne. De là leur instinct et notre perfectibilité. On peut en conclure qu'après cette vie ils ne doivent attendre ni récompense ni punition; mais il ne s'ensuit pas que leur âme s'anéantisse ou qu'ils en soient privés.

La liberté, qui fait de l'homme un être à part, tient plus qu'on ne croit au développement de sa sensibilité morale. L'égoïsme finit par circonscrire nos idées dans le cercle des jouissances et des craintes des autres animaux, et l'on peut observer chez ceux-ci que le dévouement des mères les en fait sortir quelquefois.

On demande comment, après la destruction du corps, on pourrait voir et entendre? Je réponds que déjà dans le

sommeil nous voyons et nous entendons en rêvant, sans le secours des yeux
et des oreilles. La mémoire fait partie
de l'être spirituel; c'est une réaction de
l'intelligence sur la sensibilité que l'âme
exerce immédiatement en elle dès que
la mort a réuni le travail des pensées
à la puissance de penser. L'usage des
souvenirs ne serait suspendu ensuite
qu'autant que la vie nous enchaînerait
dans un nouveau corps. C'est ce qu'on
appelait boire de l'eau du Léthé (j'expliquerai pourquoi il en serait ainsi),
et ce fut la foi religieuse de l'antiquité;
la mythologie grecque l'avait puisée
chez les Égyptiens, qui la tenaient des
Indiens; car elle remonte au berceau
du monde.

Les argumens des matérialistes se
rattachent aux erreurs des théories
physiques. Je les ai combattus dans
l'unique intention de trouver la vé-

rité, et je me persuade que dès qu'on reconnaîtra dans la lumière une étendue d'action que la pensée seule peut saisir, on soupçonnera qu'en formant la vie elle devient l'intermédiaire et le moyen d'union entre les mouvemens de l'âme et la consistance des organes. Je terminerai en rappelant que les propriétés des principes sont inexplicables, et que je ne prétends pas apprendre comment la nature de la pensée se lie à celle des rayons solaires et ceux-ci à la matière. L'observation constate que cela est ainsi, et, en fait de principes, on n'en doit pas demander davantage.

L'ignorance où la science était restée sur l'élément de la vie a pu conduire à l'hypothèse d'une âme universelle, mais, dès qu'il sera connu, on cessera de confondre l'intelligence avec le mouvement individualisé; car la vie n'est rien autre chose, et il est certain que les facultés spirituelles n'appartiennent pas plus aux rayons solaires qu'à la matière qui constitue la consistance des corps (*).

Au surplus, je ne vois pas quelle grande confiance méritent ceux qui s'arrêtent à l'examen des effets et prétendent tout expliquer en donnant un nom à ce qu'ils ignorent. C'est pourtant ce que font les matérialistes : ils bâtissent leur système sur un mot qui n'est qu'une étiquette attachée à notre ignorance; car la matière est ce que per-

(*) Le principe de la vie est le même chez les végétaux et chez les animaux, mais le mouvement, en s'individualisant chez les premiers, avait pour but unique le développement et la reproduction de l'organisation; tandis que, dans les seconds, la vie devait en outre former l'union entre l'âme et la matière : aussi les uns ne font-ils que végéter, parce qu'ils ne renferment en eux rien de spirituel; tandis que les autres végètent et pensent, parce qu'une âme s'y trouve présente et prend part au fait de la végétation.

sonne ne connaît. J'ai cru convenable, dans un siècle aussi positif que le nôtre, de chercher une base plus satisfaisante, et j'ai tenté d'ouvrir une voie nouvelle à l'étude des principes de la nature.

Sentir et penser sont les facultés de l'être spirituel, elles ne sont que parce qu'il est, et l'organisation ne fait que leur prêter son secours pour les mettre en rapport avec le monde physique (*). Si l'intelligence appartenait au corps, comment séparerait-elle ses produits du temps et des circonstances où il reste placé? Comment l'âme vivrait-elle? (car, pour elle, vivre c'est sentir) dans un passé qui n'est plus, ou dans un avenir qui n'est pas encore? Comment les

_____

(*) L'explication de ces rapports est l'objet de la Psychologie physiologique : je dirai comment ils ont lieu, et l'on verra qu'il était difficile que l'union de l'âme avec le corps se fît autrement.

6.

fictions de l'imagination pourraient-elles
émouvoir notre sensibilité au point de
l'arracher à la matérialité présente pour
l'entraîner dans des régions qui n'exis-
teront jamais?

Tout ici-bas signale dans l'homme la
dualité de son être ; les mouvemens de
sa physionomie en offrent la preuve
complète quand ils peignent au dehors
des sentimens contraires à ceux qui l'a-
gitent intérieurement : car, si la volonté
fait ainsi mentir les traits, c'est qu'elle
appartient à une intelligence distincte
de l'organisation dont elle dispose. De
là ces perfidies muettes plus trompeuses
que la parole, et qui seraient impossibles si l'âme n'était unie au corps par
un intermédiaire qui lui obéit.

En effet, que faisons-nous en donnant à notre figure une expression opposée à nos sentimens? Nous séparons
l'état de notre être moral de celui de

notre être physique. Il est donc évident qu'ils sont distinctement deux, et que le lien qui les assemble fait exécuter à l'un les déterminations de l'autre (*). Ce lien, c'est la vie : elle seule nous ouvre le monde matériel, en nous prêtant l'usage des organes corporels dont la mort nous prive plus tard; en sorte que notre âme ne conserve ensuite aucun moyen de rapport avec la terre (**).

.Dans un examen aussi rapide, je n'ai fait qu'indiquer un texte aux méditations; mais, plus on s'y livrera, et plus on s'assurera que le matérialisme se

---

(*) J'exposerai bientôt les détails de ce mécanisme. Au surplus, la mort met fin chez l'homme à cette dualité d'être, et l'âme, rendue à sa simplicité, n'a plus qu'une physionomie qu'elle ne peut pas cacher : c'est en ce sens que le mensonge me paraît impossible dans le monde spirituel.

(**) On verra plus tard que si ces rapports peuvent se rétablir instantanément, c'est toujours au moyen de la vie.

fonde sur l'ignorance des causes et la confusion des sensations avec les impressions; tandis que le spiritualisme présente des faits positifs et une masse imposante de probabilités. Je crois en avoir dit assez pour faire présumer que l'homme réunit en lui sur la terre l'âme, la vie et le corps. On verra par la suite que les phénomènes de l'organisation sont d'accord avec cette division et la justifient complètement.

———

CHAPITRE VII.

De l'ame. Elle n'a pas d'action immédiate sur la matière. Nécessité de distinguer la sensibilité sensuelle de la sensibilité morale.

La vie ouvre notre faculté de connaître au monde matériel, et la ferme au monde spirituel.

La mémoire n'est qu'une réaction de l'intelligence sur la sensibilité : elle peut retracer les faits sans renouveler les sentimens qu'ils firent naître. Explication à ce sujet.

Les métaphysiciens, en examinant les facultés intellectuelles, ont peut-être trop multiplié les distinctions. Il en est résulté un langage obscur et beaucoup de subtilités. Je n'entrerai pas dans ces détails inutiles au plan que je me suis tracé ; car, pour expliquer les phénomènes de la Psychologie physiologique, il suffit de séparer nettement la sensibilité sensuelle de la sensibilité morale, et de bien distinguer le travail de la mémoire de celui des perceptions premières.

Les êtres spirituels n'ont sur la matière aucune action immédiate, et chacun peut s'assurer que sans le secours des membres que la vie met à sa disposition, la puissance de sa volonté ne dérangerait pas un atôme (*). L'âme est donc par sa nature une étrangère sur la terre; retenue ici-bas dans un monde nouveau, le corps lui prête des organes pour l'apercevoir, et la vie lui donne le moyen de s'en servir. Je vais examiner comment elle use de cet intermédiaire, et de quelle manière sa sensibilité et son intelligence se trouvent en rapport avec l'organisation.

(*) L'âme ne se sert des organes du corps, et ne les met en mouvement, qu'au moyen de la vie dont elle dispose, et c'est à l'aide de ces organes qu'elle agit ensuite sur le monde matériel; sans leur secours, sa volonté resterait impuissante.

La faculté de sentir a deux objets distincts : elle nous donne la sensation de l'existence des corps, et nous rend capables d'aimer et de haïr. Il est essentiel, dans l'étude de l'homme, de faire cette division ; car les émotions de sa sensibilité sensuelle lui arrivent du dehors, tandis que celles de sa sensibilité morale naissent intérieurement. La première est mise en jeu par l'action du corps sur l'âme, et la seconde par la réaction de l'âme sur le corps. La vie, en leur servant d'intermédiaire, devait s'accommoder à la nature des êtres qu'elle unit ; elle se partage effectivement en deux modifications différentes, dont l'une appartient à l'organisation et porte à l'âme les impressions que le corps a reçues, tandis que l'autre obéit à la volonté et fait exécuter aux membres les déterminations qu'elle a prises.

La première de ces modifications vitales est connue sous le nom de fluide nerveux : il met l'être spirituel en rapport avec l'affectibilité des organes, en s'emparant de sa sensibilité sensuelle, et par là il ouvre notre faculté de connaître au monde matériel et la ferme au monde spirituel ; car elle devient inaccessible à ce qui ne fait pas impression sur le corps. La mort met fin à ce mode d'existence ; mais en perdant les moyens d'apercevoir les objets terrestres, nous retrouvons notre véritable patrie.

Les affections morales appartiennent essentiellement à la nature spirituelle, et le corps n'y prend qu'une part consécutive ; elles naissent immédiatement dans l'âme : aussi, dès ce monde, nos sentimens n'ont pour objet que des êtres qui peuvent nous les rendre ; il en résulte des émotions intérieures qui réagissent ensuite sur les organes au moyen d'une modification vitale dont la volonté dispose (*).

En effet, nous n'aimerions et nous ne haïrions rien sur la terre, si nous n'y trouvions d'autres individus capables comme nous de plaisir et de souffrance, d'amour et de haine. C'est la volonté de servir ou de nuire qui développe en nous une volonté analogue, et cet échange de sentimens, quoiqu'il se manifeste extérieurement par les organes du corps, n'en appartient pas moins exclusivement aux rapports des âmes entre elles.

Les sensations sensuelles, tant que nous sommes sur la terre, nous atta-

(*) Nos sentimens sont des mouvemens de l'âme qui ne peuvent être provoqués que par des êtres susceptibles, comme nous, de sentir une affection spirituelle. Ici-bas, notre sensibilité sensuelle nous met en rapport avec les corps, mais notre sensibilité morale reste en relation avec les âmes.

chent aux choses de ce monde, les
seules qu'elles nous fassent connaître.
Il en est autrement des affections morales : celles-ci nous atteignent spirituellement et rappellent l'âme à sa nature; aussi quand elles sont violentes,
elles tendent à la séparer du corps, et
c'est ce qui arrive lorsqu'on meurt de
douleur ou de plaisir (*). Pour l'ordinaire, l'homme dont l'intelligence s'at-

(*) L'opposition entre nos deux natures est telle,
que l'action des passions, quand elle est trop énergique, tend toujours à détruire le lien physique. Je me
rappelle avoir lu, dans des Annales de Médecine, qu'un
père ayant perdu une fille unique qu'il aimait tendrement voulut la voir une dernière fois avant qu'on
l'ensevelît : il la regarda fixement, et tomba sans vie
auprès d'elle. L'autopsie ne fit connaître aucune trace
de lésion. Cela ne prouve point, dira-t-on, qu'il n'en
existait pas : j'en conviens; mais cela prouve encore
moins qu'il en existât. On peut voir plus loin deux
exemples d'exaltations magnétiques, où la mort eût
pu arriver à la suite d'une émotion morale sans aucune lésion organique.

tache exclusivement au développement des connaissances dues à sa sensibilité sensuelle, conçoit mal la spiritualité de son être ; tandis que celui qui se livre à l'examen des affections morales la sent davantage, et la conçoit mieux. Ce résultat est la conséquence de l'usage que chacun d'eux fait de son intelligence ; car le premier l'emploie à explorer les relations du corps avec l'âme, et le second à examiner celles de l'âme avec le corps.

La sensibilité sensuelle est passive, elle reçoit les impressions qui lui arrivent du dehors ; et la volonté n'a aucun empire sur les sensations quelles nous procurent, parce que la circulation nerveuse qui nous les apporte est exclusivement soumise au mécanisme de l'organisation (*).

(*) Le fluide nerveux qui nous communique les

La sensibilité morale, au contraire, est active; elle agit dans les relations de l'être spirituel avec le physique : notre volonté doit en déterminer l'emploi, car c'est l'âme qui alors exerce son empire sur le corps; aussi nous pouvons toujours avec plus ou moins de succès la diriger, nous y livrer, ou la réprimer.

L'amour, la haine et toutes nos passions sont différens usages que nous faisons de notre sensibilité morale. Nos pensées l'excitent et l'alimentent, et l'homme peut ainsi en disposer dans les sentimens qu'il préfère, et la refuser aux autres dont il finit par devenir incapable.

sensations sensuelles, est soumis à une circulation organique sur laquelle la volonté n'a aucun empire; tandis qu'elle dispose, au contraire, de l'agent qui exécute les réactions de la sensibité morale sur le corps, en sorte qu'elle peut les diriger et jusqu'à un certain point s'en rendre maîtresse.

Sentir, c'est exister passivement; mais aimer ou haïr, pour l'âme humaine, c'est vivre, c'est faire un usage actif de son existence; et l'âme est libre, non pas d'exister (car elle est immortelle), mais de donner à son existence l'emploi que sa volonté détermine : cet emploi fait ensuite sa félicité ou son malheur (*).

La mémoire n'est qu'une réaction de l'intelligence sur la sensibilité. Plus elle est complète, et plus elle reproduit avec exactitude les sensations qu'il s'agit d'examiner (**).

(*) L'état de l'âme constitue l'enfer et le paradis. Je m'expliquerai peut-être plus explicitement à ce sujet quand la vie sera mieux connue.

(**) Quand l'imagination se mêle aux sensations des souvenirs, elles peuvent être plus vives que celles qu'elles rappellent; et, dans la suite de cet ouvrage, on verra que les élémens nécessaires au travail de la mémoire manquent lorsqu'on rentre de l'état lu-

L'âme trouve toujours en elle les élémens nécessaires pour retracer les lieux et les faits; car sa sensibilité sensuelle est inaltérable et ses souvenirs n'ont d'autres bornes à cet égard que celles élevées par le temps. Il n'en est pas ainsi des souvenirs de la sensibilité morale; ceux-ci consistent à renouveler l'émotion de nos affections premières, et il peut arriver que des habitudes opposées les aient éteintes dans leur source. Un vieillard égoïste ne se rappelle plus les sentimens généreux de sa jeunesse, et si sa mémoire lui retrace encore les circonstances de ses premières amours, c'est dépouillées du charme qui les ennoblissait alors. Les actions qui honorèrent les jours de son printemps, lui paraissent sans motifs, et parce qu'il s'est rendu incapable d'éprouver les af-

cide à la vie ordinaire ; et c'est par cette raison que les somnambules n'en conservent pas le souvenir.

lections qui le déterminèrent jadis, il les regarde comme autant de folies; car pour l'homme déchu tout se réduit à ce qui lui reste.

La mémoire du cœur fait revivre les amours du temps passé; mais, quand notre sensibilité morale s'est pervertie, le souvenir des faits ne la ranime plus, et nous nous rappelons les circonstances et les sensations long-temps après avoir perdu la trace des sentimens qu'elles éveillèrent en nous. L'homme pendant son séjour sur la terre excite et développe les sentimens de son choix; ils deviennent à la fin l'unique mobile de ses actions et décident de son avenir, car, en passant d'un monde à l'autre, ils restent ce qu'il les a faits.

On a beaucoup parlé des idées innées; mais ici-bas les idées se forment dans les relations de l'affectibilité du corps avec la sensibilité sensuelle de l'âme; elles sont, par conséquent, une suite des impressions que les organes ont antérieurement reçues, et ne sauraient remonter au-delà. Il n'en est pas de même des sentimens; ceux-ci naissent intérieurement, et se manifestent ensuite au dehors par les relations de notre sensibilité morale avec l'organisation. Ils existent en puissance dans l'âme avant de se développer, et nous en avons la conscience indépendamment des accidens extérieurs qui les éveillent et les excitent vers un objet déterminé (*).

(*) C'est par cette raison que les somnambules lucides, en rentrant à la vie commune, gardent leurs sentimens et perdent leurs idées : dans l'état magnétique le changement survenu dans l'affectibilité change les rapports de l'organisation avec la sensibilité sensuelle, tandis que les relations de la sensibilité morale avec le corps restent les mêmes. L'affectibilité du cerveau rendu à la vie commune, n'offre plus les mêmes élémens au travail des pensées, ce qui rend à

Nous sommes moralement libres,
et la preuve s'en trouve dans la conviction que la conscience de notre être
nous en donne. Nous sentons notre liberté comme nous sentons notre existence. Sous le rapport de la sensibilité
sensuelle, le but de nos déterminations n'est jamais incertain ; car, pour le
présent comme pour l'avenir, nous cher-
chons le plaisir et fuyons la douleur :
mais nous pouvons nous tromper dans
le choix des moyens, et c'est là que se
place l'acte de notre liberté.

Les animaux partagent avec nous,
quoiqu'à un degré bien inférieur, les
lumières qui nous guident à cet égard,
et c'est parce qu'avant d'agir ils jugent
aussi de ce qu'ils ont consécutivement à
leur égard les souvenirs impossibles; tandis que les
sentimens réagissent sur l'organisation au moyen
d'une modification vitale qui ne change pas. Je don-
nerai plus tard l'explication de ce phénomène.

espérer ou à craindre, qu'on parvient à les dompter.

La sensibilité morale crée pour l'homme un intérêt d'un autre ordre; nous lui devons la science du bien et du mal, du juste et de l'injuste.

Des liens invisibles nous unissent à tous les êtres sensibles; nous partageons leurs souffrances dès qu'elles nous sont connues, et la conscience que notre nature nous donne des maux qui peuvent nous affliger, devient pour nous la mesure de ceux que nos semblables ont à craindre. Dieu, en plaçant ainsi dans la sensibilité de chaque homme un appréciateur des plaisirs et des douleurs de tous, leur donna le sentiment de l'égalité de leurs droits, et l'idée du juste et de l'injuste. Nous sommes naturellement équitables dans ce qui ne nous est pas personnel, mais, dès que notre intérêt nous place entre l'amour de notre individualité et celui de nos semblables, nous avons un choix à faire, et, dans ce choix, nous sommes iniques, justes ou vertueux.

Les jouissances de la sensibilité sensuelle laissent toujours après elles une sensation d'anéantissement, tandis qu'au contraire les jouissances de la sensibilité morale réveillent en nous le sentiment de notre immortalité. Cela devait être ainsi, les premières naissant des relations du corps périssable avec l'âme immortelle, et les secondes de celles de l'âme immortelle avec le corps périssable (*).

(*) Les jouissances de la sensibilité sensuelle nous donnent la sensation de la nature de notre corps, et celles de la sensibilité morale, le sentiment de la nature de notre âme. Chacun, pour s'en convaincre, peut s'observer lui-même : il reconnaîtra que l'amour comme la haine ont dans leurs inspirations quelque chose qui touche à l'immensité, tandis que ce qui est dû aux relations du corps avec l'âme est borné par

Il est essentiel de ne pas confondre les deux modes de sensibilité que je viens de signaler; et je me suis attaché à les distinguer nettement, car la séparation que nous en faisons dans l'usage peut seule expliquer les phénomènes de la Psychologie physiologique. Cette séparation, d'ailleurs, est tellement indiquée, qu'on ne peut admettre dans l'homme l'union de l'âme avec le corps,

la destructibilité des organes. On peut être surpris que les philosophes, en examinant l'existence de l'homme sur la terre, n'aient pas cherché à distinguer par la nature des sensations, la part que, dans la vie terrestre, l'union de l'âme avec le corps fait nécessairement prendre à chacun d'eux. Rien n'indique plus clairement l'immortalité de l'une et la destructibilité de l'autre; mais ils ont voulu étudier les facultés spirituelles séparément de l'organisation, quoiqu'ici-bas nous ne trouvions nulle part d'âme sans corps ni de corps vivant sans âme. Il faut aussi convenir que la physique, en confondant le principe du mouvement avec la matière, ne permettait guère de s'occuper de la formation de la vie et des communications qu'elle établit.

sans être conduit à reconnaître qu'une modification de sa vie doit établir les relations entre l'organisation et l'être moral, tandis qu'une autre obéit à celui-ci et fait exécuter ses ordres.

En effet, si le corps et l'âme se servaient du même agent, et qu'ils employassent l'un et l'autre le fluide nerveux, sa circulation organique entraverait les mouvemens quand nous voudrions agir, et lorsqu'il s'agirait de sentir, la volonté en suspendrait le cours dès que les sensations deviendraient douloureuses. Nous savons tous, au contraire, que le fluide nerveux, auquel nous devons nos sensations, n'est pas à la disposition de l'âme, puisque nous endurons malgré nous les douleurs qu'il nous apporte; ainsi il reste démontré que la volonté use d'un autre intermédiaire pour faire exécuter ses ordres.

J'expliquerai bientôt comment les deux différentes modifications vitales qui forment le nœud de notre existence ici-bas, naissent l'une de l'autre de la même manière que nos pensées naissent de nos sensations ; mais, avant d'entrer dans ces détails, il convient de faire remarquer que le lien qui unit le physique au moral devait nécessairement se modifier pour animer un corps, le mettre en relation avec la sensibilité d'une âme, et fournir un agent à celle-ci.

En effet, la vie se divise en trois modifications distinctes : la première appartient à toutes les organisations, et je l'ai nommée chez l'homme *vie animo-végétale ;* c'est la portion du mouvement élémentaire que l'individu s'approprie pour en faire le moteur de son mécanisme particulier (*) : la seconde

_____

(*) Un membre paralysé se trouve réduit à la vie animo-végétale toute seule, et comme il est privé des deux autres modifications vitales, il cesse de communiquer des sensations à l'âme, dont la volonté n'a plus d'empire sur lui.

est connue sous le nom de *fluide nerveux ;* elle transforme en sensations les impressions reçues par le corps : et j'appelle la troisième *vie spiritualisée,* parce qu'elle s'assimile à l'action spirituelle en communiquant avec l'âme dont elle devient l'agent.

L'objet de la Psychologie physiologique est de rendre compte des relations de l'âme avec le corps, qui se font par l'intermédiaire du fluide nerveux et de la vie spiritualisée ; je m'en occuperai spécialement, et quant à la vie animo-végétale, je n'en parlerai qu'autant qu'elle s'y trouve liée. Le jeu de l'organisation humaine consomme et renouvelle sans cesse ces trois modifications vitales ; je dirai comment elles se reproduisent ; mais je dois donner avant une idée générale de la structure du corps humain.

CHAPITRE VIII.

IDÉE GÉNÉRALE DE LA STRUCTURE DU CORPS HUMAIN : SES MOUVEMENS SONT ORGANIQUES, CONVULSIFS OU VOLONTAIRES.

LE corps humain se compose de parties molles et de parties solides qui leur servent de point d'appui. Nous connaissons tous sa structure extérieure. Les chairs se divisent en portions séparées, qui forment chacune un muscle particulier.

La charpente osseuse se divise de même en plusieurs os, unis ordinairement par des articulations plus ou moins mobiles; la plupart des muscles s'attachent par leurs extrémités à différens os; ces muscles, en se contractant, se raccourcissent; leurs extrémités se rapprochent, et par conséquent aussi les os auxquels elles sont fixées : c'est par ce mécanisme que nos membres exécutent leurs divers mouvemens.

Notre volonté n'agit sur les muscles que par l'intermédiaire des nerfs ; ceux-ci sont des espèces de filets d'une couleur blanchâtre analogue à la substance du cerveau avec lequel ils communiquent ; car il est le centre de la circulation nerveuse.

Les mouvemens du corps humain sont volontaires, organiques ou convulsifs. L'âme, par l'intermédiaire des nerfs, fait exécuter les mouvemens volontaires ; les mouvemens organiques sont dus à l'action de la vie ; et l'on nomme mouvemens convulsifs tous ceux qui sont déterminés par une cause de perturbation quelconque.

Les mouvemens convulsifs se manifestent dans quelques végétaux, tels que

les sensitives; les mouvemens organiques appartiennent à tous les êtres
vivans; et quant aux mouvemens volontaires, ils résultent d'une détermi-
nation de l'âme et sont l'apanage ex-
clusif des animaux.

CHAPITRE IX.

IDÉE GÉNÉRALE DE LA VIE.

LA vie en elle-même n'est rien autre chose que la portion du mouvement élémentaire dont chaque être s'est emparé pour en faire le moteur de son mécanisme organique et la cause de sa chaleur individuelle.

Le mouvement et la matière sont les deux élémens de la nature; ils se combinent dans tous les corps, et la chaleur n'est qu'un mode d'agitation produit d'abord par leur mélange; c'est le travail qui précède la formation des composés ou qui suit leur destruction; aussi elle se manifeste dès que les rayons solaires rencontrent la terre, et toutes

les fois que la combustion les dégage
d'un composé. Telle est l'explication
des noms de calorique latent, discret,
en état de combinaison, etc., que les
savans n'ont imaginés que pour désigner un principe inconnu, renfermé
dans les corps, et dont la présence se
manifeste par une foule de phénomènes (*).

Chaque être, en composant sa vie,
produit une chaleur qui lui est propre;
car il la forme en modifiant le mouvement qu'il individualise à son usage. Il
n'en est pas ainsi de la chaleur extérieure; elle pénètre les corps sans leur
appartenir et sans devenir la puissance
motrice de leur travail interne. Le

(*) La chaleur produite par la combustion est essentiellement motrice : il faut en conclure que le calorique latent était le mouvement en état de combinaison. S'il en était autrement, où prendrait-il la force
impulsive que son expansion manifeste?

principe de la chaleur vitale met en jeu le mécanisme des organisations pour produire le bois des arbres et la chair des animaux. Considérés sous ce rapport, les êtres vivans offrent une innombrable variété de fabriques où les rayons solaires modifient la matière en se combinant avec elle. En effet, c'est ainsi que tous les corps développent et entretiennent les solides et les liquides dont ils sont formés.

Chaque organisation renouvelle sa vie par une décomposition de mixtes : un chêne, par exemple, s'approprie de cette manière une certaine quantité de rayons solaires qu'il puise dans l'air et dans l'eau qui l'alimentent. La circulation de la sève entraîne ensuite ces rayons ainsi *végétalisés* jusqu'à ce qu'une partie se fixe dans la formation du bois, tandis qu'une autre vaporise les liquides et s'exhale comme une sorte de transpiration dont l'arbre est environné.

Il en est de même de l'homme : nous décomposons l'air en le respirant, nous le brûlons (*) pour nous emparer des rayons solaires qu'il contient et que la combustion en dégage ; ils se mêlent et circulent avec le sang qui les verse dans le système de la nutrition des organes, en sorte que chaque fibre en reçoit l'action particulière à laquelle sa nature la rend propre (**). Une partie du mouvement ainsi *animalisé* se fixe

(*) L'acide carbonique que la respiration exhale prouve qu'il s'opère une sorte de combustion dans la poitrine.

(**) L'excitabilité musculaire est un genre d'élasticité produite, comme celle des solides, par le mouvement qui s'est combiné avec la matière dans la forme du corps. L'excitabilité organique constitue la vitalité de l'individu ; elle varie dans les corps, et cela tient à ce qu'ils ont originairement combiné plus ou moins de mouvement lors de leur formation.

dans les divers produits que le corps humain fabrique, tandis que l'autre s'échappe en nous entourant d'une atmosphère de vapeurs.

Chaque organisation s'empare d'une quantité de mouvement toujours égale; elle ne peut, dans la décomposition des mixtes, en dégager ni plus ni moins; car, à cet égard, sa puissance est déterminée par sa nature (*): aussi la chaleur vitale des individus est susceptible de peu de variations; elle a chez l'homme une activité évaluée à 30 à 32 degrés.

Si la chaleur extérieure est en har-

(*) Par cette raison, si l'air extérieur a une température plus élevée que la vie humaine, la respiration n'en extrait que 32 degrés, et forme la chaleur vitale au-dessous de celle de l'atmosphère; tandis que si l'air est plus froid, elle en dégage toujours le mouvement à 32 degrés, et produit, par conséquent, une chaleur plus élevée : cela continue ainsi jusqu'à ce que l'intensité de la chaleur ou du froid arrive au point de détruire l'organisation ou d'en arrêter le mécanisme.

monie avec l'action de la vie, elle favorise le jeu des organes; mais quand elle est plus forte que leur agrégation n'est résistante, elle devient destructive, et l'individu meurt. La mort arrive encore quand le froid est excessif; car il soutire la chaleur vitale à mesure qu'elle se forme, et finit par arrêter le mouvement organique qui la reproduit.

Je l'ai déjà dit, on peut considérer les êtres organisés comme autant de fabriques dont la vie met le mécanisme en jeu, et, sous ce rapport, la vie n'est rien autre chose que la cause du mouvement et de la chaleur individuelle: elle est formée par les rayons solaires alors qu'ils circulent encore avec les liquides qu'ils vaporisent (*);

(*) Les liquides sont par leur nature dans une sorte d'état de combinaison imparfaite, dont le mouvement s'échappe sans cesse.

car, dès qu'ils sont entrés dans la formation du bois des arbres ou de la chair des animaux, ils s'y arrêtent, la chaleur cesse, ils ne sont plus la vie. Aussi la mort amène-t-elle le refroidissement des corps, quelle que soit la quantité de rayons lumineux qu'ils continuent à recéler, et que la combustion peut en dégager ensuite.

L'organisation humaine, comme toutes les machines imaginables, trouve en dehors d'elle-même la cause de son activité interne; seulement elle se l'approprie en individualisant le mouvement que sa respiration puise dans l'air; tandis que le mécanisme des machines inanimées est mis en jeu par un moteur qui lui donne l'impulsion sans jamais s'identifier avec elles.

La simplicité de ces explications contraste avec la définition embarrassée que les physiologistes donnent de la vie; selon eux, elle se compose de l'ensemble du jeu des fonctions organiques : étrange confusion des effets et des causes, qui nous montre les impulsions produites à la place de la force qui les fait naître, et nous signale la rotation de la meule et le mécanisme du moulin comme le vent qui le fait tourner. On n'arrive à de pareilles méprises qu'à l'aide de pénibles efforts; mais il faut renoncer aux explications ou présenter les résultats comme des principes quand la science s'arrête au mécanisme des phénomènes. C'est ainsi qu'on est parvenu à exclure l'âme des systèmes physiologiques. Il semblerait que certaines gens portent dans l'étude de l'homme la triste conviction que le matérialisme est son histoire, tandis que le spiritualisme n'en serait que la fable (*).

(*) Sans doute la vérité doit passer avant toute au-

Quelques personnes confondent encore l'impulsion vitale avec l'action spirituelle, et supposent que nous devons le mouvement des fonctions organiques à la présence de l'âme; mais cette erreur est facile à reconnaître, car, dans le sommeil, où la volonté abandonne le corps, chacun peut s'assurer que le jeu du mécanisme intérieur continue : d'ailleurs, les végétaux le possèdent comme nous, et il est évident que l'action spirituelle leur est étrangère.

Jusqu'ici la physique n'offrait aucune base sur laquelle on pût asseoir la physiologie, et les travaux de celle-ci commençaient par l'examen des organes; elle s'arrêtait aux effets, et prétendait cependant expliquer les relations de l'âme avec le corps, comme s'il était

tre considération; mais donner d'avance à l'étude une direction déterminée, c'est préjuger la question au lieu de l'éclairer.

possible d'en rendre raison sans connaître la nature du lien qui les unit.

Tant que les savans refuseront de remonter aux élémens, la source de la vie ne sera pas mieux connue en médecine que celle du mouvement ne l'est en physique, et trop souvent l'art de guérir sera réduit à un véritable empyrisme (*). Voilà où la science en est restée dans ce siècle de lumières; je n'insiste à cet égard que pour faire sentir la nullité de nos connaissances quant aux principes, et la nécessité de recommencer l'étude de la nature.

Ici-bas la vie est pour notre âme un intermédiaire obligé; elle seule met les

(*) On peut juger de la solidité des systèmes en médecine par le nombre de ceux qui se sont succédé depuis quarante ans; quant à moi, sans prétendre attaquer aucune théorie, je pense que la seule médecine utile doit se réduire aux fruits de l'observation tant que les principes de la nature ne seront pas mieux connus.

objets terrestres en rapport avec les facultés spirituelles, et sans elle, par une inévitable réciprocité, la volonté n'aurait aucun pouvoir sur les organes. L'excitation des appareils nerveux n'est qu'une occasion de sentir, et non une sensation, et l'impression que l'organe a reçue n'a souvent même aucune analogie avec l'émotion morale qu'elle éveille en nous : la lecture, par exemple, développe souvent des sentimens fort différens de la nature des images peintes dans nos yeux.

La vie proprement dite se borne à produire le mouvement nécessaire pour mettre le mécanisme des organisations en jeu, ce qui ne suffirait pas pour réparer les pertes qu'elles font ; mais elles trouvent dans les alimens qu'elles consomment une substance qu'elles s'assimilent par le travail de la végétation des unes et de la digestion des autres.

Les végétaux puisent dans la terre, l'air et l'eau, la nourriture dont ils ont besoin: des mets aussi simples ne conviennent point aux animaux, il faut que ceux qu'ils mangent aient au moins reçu une première préparation dans l'organisation végétale.

L'homme avale les alimens destinés à sa substance, après les avoir humectés dans la bouche et broyés sous les dents; l'estomac les reçoit ensuite et les élabore pour en former le chyle; ce travail continue dans les intestins grêles, et diminue progressivement en approchant des dernières voies.

Le chyle est porté par divers canaux jusqu'aux vaisseaux pulmonaires où la sanguification s'achève dans l'appareil respiratoire; le sang circule ensuite saturé du mouvement qu'il a puisé dans la respiration : il nourrit tous les organes, et c'est ainsi qu'il entretient la vi-

talité générale du corps. Le cœur lui
doit une excitabilité particulière qui le
fait se contracter chaque fois qu'en se
dilatant il a reçu, des vaisseaux pulmonaires, une nouvelle portion de sang; il
en résulte une alternative de dilatation
et de contraction qui ne cesse qu'à la
mort.

Le cœur est le principal organe de la
circulation sanguine : deux espèces de
vaisseaux y concourent, les artères et
les veines; les unes reçoivent le sang
que le cœur leur envoie, et le portent
dans toutes les parties d'où les autres le
rapportent au cœur (*). Dans ce mou-

(*) Les artères portent le sang dans le système de
la nutrition particulière à chaque organe, et les veines le rapportent après qu'il y a déposé la portion
de vie et de matière nécessaire à leur nourriture et
à l'entretien de leur excitabilité; mais l'œil ne peut
suivre l'extrémité capillaire des vaisseaux, ni voir
comment ils communiquent entre eux.

vement continuel, le sang, en parcourant les divers organes, leur donne la vie et la nourriture ; il en revient noirâtre et usé, mais la respiration lui rend bientôt sa couleur vermeille en l'enrichissant d'une nouvelle quantité de rayons solaires.

Les alimens que nous prenons servent matériellement à nous nourrir. Nos pertes à cet égard se font assez lentement, et se réparent de même. Il n'en est pas ainsi de la vie proprement dite : elle s'échappe avec les vapeurs que nous exhalons, et le mouvement organique la consomme rapidement ; nous sommes en conséquence obligés de puiser sans cesse dans l'air que nous décomposons, une nouvelle portion de mouvement pour l'individualiser à notre profit. Aussi le travail de la respiration ne peut être long-temps suspendu sans causer la mort, et nous sommes forcés de l'accélérer en raison de la quantité de vie que nous dépensons.

Les modifications que reçoit le principe vital varient suivant la nature des êtres qui s'en emparent. Cependant la vie a une grande analogie chez tous les animaux à sang chaud; celle des oiseaux est généralement plus active.

CHAPITRE X.

DE LA VIE DES ANIMAUX, ET DE CELLE DE L'HOMME EN PARTICULIER. DE LA FORMATION DU FLUIDE NERVEUX, ET DE LA VIE SPIRITUALISÉE.

Le mouvement individuel des végétaux n'a d'autre but que d'entretenir chez eux une circulation unique, destinée à pourvoir au développement et à la nourriture de leur organisation. Il n'en est pas ainsi des animaux : leur vie doit, en outre, leur procurer des sensations et servir à faire exécuter leurs déterminations ; elle fournit, en conséquence, à deux autres circulations, dont je vais examiner la formation et l'usage.

La glande cérébrale chez les animaux s'empare des rayons solaires que le sang artériel lui apporte, et, dans une élaboration admirable, elle en compose un fluide presque aussi subtil que la lumière, mais qui conserve encore assez de parties saisissables pour devenir l'objet d'une circulation organique : c'est la seconde modification vitale du corps humain; elle a beaucoup d'analogie avec le fluide électrique. Le cerveau lui donne l'impulsion par un mouvement alternatif de contraction et de dilatation analogue à celui dont j'ai expliqué le mécanisme en parlant du cœur. La circulation nerveuse se divise, comme celle du sang, en artérielle et en veineuse (*) ; elle se répand dans le système de

(*) Cette division de la circulation nerveuse en artérielle et veineuse a été reconnue par le docteur Magendie, qui l'a constatée par des expériences. La marche de la nature dans la circulation sanguine la rendait probable, et l'on verra plus tard qu'elle est une nécessité démontrée par le raisonnement. Le fluide nerveux forme l'affectibilité, comme le sang forme l'excitabilité, en se répandant dans le système

la nutrition particulière à chaque organe, et forme l'affectibilité du corps,
que mal-à-propos on confond avec la
sensibilité sensuelle de l'âme. En effet,
le cerveau sécrète un fluide qui circule
dans les nerfs : les uns sont destinés aux
mouvemens, ils partent de l'encéphale
ou de ses dépendances, et se rendent aux
extrémités : les autres nous donnent des
sensations, et reviennent de toutes les
parties à l'encéphale. Cette distinction
entre l'agent de la volonté et celui des
sensations a été reconnue par le docteur
Magendie : on eût dû la faire depuis
long-temps; car, dans certains cas pathologiques, les sensations survivent
aux mouvemens; et, dans d'autres plus
rares, ce sont les mouvemens qui survivent aux sensations (*).

de la nutrition des organes qu'il active : aussi les
membres paralysés languissent et s'amaigrissent.

(*) Dans un hiver rigoureux, un invalide leva le

Notre corps ne sent rien, mais il est affectible, et le fluide nerveux qui forme cette affectibilité, émeut la sensibilité de l'âme en lui rapportant les commotions qu'il a reçues. Coupez les nerfs, la communication est interrompue, et les organes ne donnent plus de sensations. La compression des trajets nerveux est encore plus remarquable, car on peut,

couvercle presque rouge d'un poêle en fonte, sans s'apercevoir qu'il s'était profondément brûlé; je me rappelle avoir lu ce fait dans les anciens Mémoires de l'Académie de Médecine. Il existe, au surplus, beaucoup d'autres phénomènes analogues. Nos sensations naissent à l'occasion des impressions que l'affectibilité a reçues : il faut donc que le fluide nerveux ait formé cette affectibilité avant de nous communiquer des sensations. Il n'en est pas de même des mouvemens; la vie spiritualisée qui les fait exécuter suit les nerfs artériels comme des conducteurs, lorsqu'ils vont se rendre dans le système de la nutrition pour former l'affectibilité et perfectionner l'excitabilité musculaire. Le docteur Bogros a prouvé la circulation nerveuse en injectant avec du mercure la plupart des nerfs.

quand elle vient à cesser, suivre l'invasion du fluide nerveux dans un membre engourdi, et observer les progrès du rétablissement de ses rapports avec la sensibilité. On les avait suspendus, on les sent renaître. C'est en quelque sorte faire et défaire. Il semble qu'on ne peut guère après cela méconnaître l'existence du fluide nerveux. C'est une modification vitale destinée à unir l'*impressionabilité* du corps avec la sensibilité de l'âme.

Personne n'ignore qu'après la mort on obtient, à l'aide du fluide galvanique, des contractions musculaires semblables à celles que la volonté déterminait pendant la vie, et l'on sait maintenant que le cerveau de certains animaux, tels que la Torpille et le Gymnote électrique, sécrète du fluide électrique (*); en sorte qu'on peut re-

(*) *Observations zoologiques*, tom. I, pag. 49.

garder comme une vérité démontrée que la vie est un fluide analogue au fluide électro-magnétique, et que, comme lui, elle doit son origine aux émanations solaires.

Le cerveau est le centre de l'affectibilité; toutes les impressions reçues par les organes viennent s'y peindre : c'est un écho où les atteintes portées au corps retentissent dans un point en contact avec l'âme; celle-ci en éprouve des émotions nommées sensations; c'est au spirituel une traduction que le fluide nerveux lui en fait.

L'affectibilité est la sentinelle du corps; c'est la voix qui lui sert à nous communiquer tout ce qui l'affecte : le fluide nerveux, après l'avoir formée, revient au cerveau, et s'en échappe en partie pour envelopper la sensibilité de l'âme qui l'attire par une sorte d'aspiration; une portion du fluide nerveux

abandonne alors la circulation pour en
trer au service de la volonté qui l'associe désormais à tous ses actes.

C'est ainsi que se forme la troisième
et dernière modification de la vie humaine : je l'appelle vie spiritualisée. Il
ne s'agit plus du mécanisme de la respiration, ni d'une sécrétion que le cerveau prépare, mais d'une élaboration
toute spirituelle qui entraîne la vie hors
du mouvement organique, en la por-
tant dans le travail des pensées; là, elle
reste à la disposition de la volonté, dont
elle est devenue l'agent, et n'éprouve
plus de circulation que celle qu'elle en
reçoit (*).

Penser, est un travail que notre intelligence fait sur notre sensibilité, et
comme en ce monde la vie est associée

(*) L'âme, en quittant la terre, entraîne la vie spiritualisée qui l'enveloppe comme un voile lumineux:
on en trouvera deux exemples dans la suite.

à toutes nos sensations, elle l'est aussi nécessairement à tous nos actes; notre âme l'entraîne dans le mouvement de son action spirituelle, et c'est ce qui lui donne le moyen d'agir ensuite sur le corps; car, par sa nature, elle lui est étrangère et n'aurait, sans cet intermédiaire, aucun pouvoir sur lui [*]. La vie spiritualisée ne conserve pas assez d'élémens matériels pour mouvoir immédiatement l'organisation; mais elle agit sur l'affectibilité nerveuse, et celle-ci sur la contractilité musculaire.

En effet, la vie spiritualisée dans l'exécution des mouvemens volontaires, suit les nerfs comme des conducteurs,

[*] C'est à cause de cela qu'après des exercices fatigans ou une longue veille, quand on a beaucoup dépensé de vie, les mouvemens deviennent difficiles, et la volonté les fait péniblement exécuter, quoique son énergie morale soit la même. *Voyez* ce que je dis plus loin de la cause du sommeil.

9.

et se perd avec eux dans l'excitabilité des muscles en la contractant (*) : chaque mouvement dépense, en conséquence, une portion de vie spiritualisée ; mais elle se renouvelle sans cesse et s'accumule pendant le sommeil, car, dans cet état, nous dépensons fort peu, et le fluide nerveux continue à se spiritualiser en s'échappant vers notre âme.

Les trois modifications vitales que je viens de signaler, sont une condition nécessaire de l'union de l'être spirituel avec la matière. En effet, l'existence végétative du corps l'eût laissé complètement étranger à la sensibilité de l'âme, si une modification de sa vie ne l'eût mis en rapport avec elle (**), et d'un au-

---

(*) Une partie de la vie spiritualisée dont nous disposons dans les mouvemens volontaires ne revient pas, et se perd dans l'évaporation de la chaleur vitale.

(**) Les trois modifications de la vie humaine se rencontrent et s'unissent dans le système de la nutrition

tre côté la volonté de celle-ci n'eût pu disposer des organes sans le secours d'un agent intermédiaire qui lui obéit.

La vie humaine remplit ces diverses conditions en éprouvant trois modifications différentes qui se produisent les unes par les autres et sont tellement liées entre elles que leur ensemble ne présente qu'un tout. Cependant elles ne se confondent pas ; car, de même que le fluide nerveux séparé du sang n'y rentre jamais, de même aussi la vie spiritualisée ne retourne plus dans la circulation nerveuse qui l'a produite : néanmoins ce dernier phénomène peut se manifester accidentellement, et c'est ce qui constitue le somnambulisme lucide, dont je parlerai plus tard.

On vient de voir que nous puisons

particulière à chaque organe : c'est là que l'excitabilité, l'affectibilité et les mouvemens volontaires trouvent un théâtre où chacun d'eux joue son rôle.

le principe de la vie animo-végétale dans
l'air que nous décomposons en le respirant. Elle circule avec le sang qui la
porte dans le cerveau; cet organe l'en
sépare, et produit le fluide nerveux;
celui-ci forme ensuite la vie spiritualisée
en abandonnant la circulation organique pour entrer au service de l'âme et
devenir son agent.

Ainsi, les trois modifications de la
vie humaine sont produites les unes
par les autres, et remontent du corps
à l'âme dans l'ordre progressif que je
viens d'indiquer; mais, quand on examine la puissance qui les forme, on
reconnaît qu'elle suit une marche toute
contraire, et qu'elle lie ces mêmes modifications entre elles, en descendant
de l'âme au corps dans un ordre précisément inverse.

En effet, notre âme attire la vie
qu'elle s'approprie par une sorte d'as-

piration spirituelle (*), et par là elle devient la cause principale du mouvement de la circulation nerveuse : celle-ci communique aux organes de la poitrine la puissance de décomposer l'air pour s'emparer des rayons solaires qu'il contient, et ce sont eux qui, mêlés avec le sang, produisent ensuite l'excitabilité du cœur, dont les contractions et les dilatations mettent la circulation sanguine en mouvement.

On voit, par cet exposé, que les diverses modifications vitales deviennent les élémens les unes des autres, en s'élevant par degrés du corps à l'âme,

---

(*) On verra par la suite que la vie spiritualisée prend une attache aux plexus solaires et cardiaques où réagissent tous les mouvemens de l'âme : c'est une des causes de la continuation de la respiration pendant le sommeil; et, quant à l'aspiration spirituelle, que je ne fais qu'indiquer, je m'en expliquerai dès que la vie sera mieux connue.

tandis que la puissance de les former descend de même progressivement de l'âme au corps.

Ceci bien entendu peut donner une idée de notre existence sur la terre, et de la manière dont le physique et le moral communiquent entre eux.

En effet, les sensations de la sensibilité sensuelle nous sont transmises par les modifications vitales qui unissent le corps à l'âme dans l'ordre que j'ai indiqué d'abord, tandis que celles de la sensibilité morale et l'exécution des mouvemens volontaires, partent de l'âme et suivent la progression inverse pour arriver à l'organisation (*).

(*) L'union des trois modifications dont se compose la vie humaine peut être détruite dans une partie du corps : tel est le résultat de la paralysie, où le membre attaqué est réduit à la vie animo-végétale seule. Les sensations sensuelles nous sont communiquées dans l'ordre suivant : la vie animo-végétale, le fluide

On peut considérer la vie humaine
comme un fluide animalisé par le jeu
des organes qui le forment, et qui le dé-
pouillent ensuite peu-à-peu de ce qu'il
avait pris de matériel dans la circulation sanguine, pour le mettre en rapport avec la sensibilité de l'être spirituel. Matériellement parlant, notre âme
n'est nulle part, puisque nulle part on
ne peut la saisir (*). Elle n'est accessible
qu'à la sensation, et la vie qui sort de

nerveux, la vie spiritualisée. Les mouvemens volontaires s'exécutent dans la progression inverse : la
vie spiritualisée, le fluide nerveux, la vie animo-végétale.

(*) On retient une âme par sa sensibilité, comme
on retient un corps par ce qui forme sa consistance;
voilà pourquoi l'illusion des rêves la captive malgré
sa volonté. Au surplus, l'âme reçoit les sensations
entre le cerveau et le cervelet; c'est de là et profondément que part l'action des pensées pour venir s'exécuter dans les lobes antérieurs du cerveau, par des
mouvemens qui le parcourent transversalement.

la circulation organique pour lui donner cette espèce de toucher spirituel,
n'y rentre plus et reste à la disposition
de la volonté.

Le mouvement est une création intermédiaire entre l'esprit et la matière;
il est l'élément de la vie. Celle-ci se ma-
térialise d'abord pour s'unir au corps,
et se spiritualise ensuite pour recevoir
l'action de l'âme.

La dernière modification vitale est
tellement dégagée de toute matérialité,
qu'elle reprend la propriété lumineuse
que les rayons solaires n'ont, comme
elle, que parce qu'ils sont aussi le mouvement hors de la matière; mais la
lumière du soleil est complètement
libre, tandis que la vie spiritualisée
est devenue l'agent de l'âme et lui
obéit : c'est une lumière qui se trouve
soumise à l'action spirituelle, car, en
s'y assimilant, elle s'est enchaînée aux

mouvemens de la volonté, qu'elle suit dans l'exécution des actes (*).

Telles sont les notions que j'ai recueillies sur la formation de la vie humaine : je les crois écrites sous la dictée de la nature; mais il est des gens, fort recommandables d'ailleurs, qui méprisent tout ce qui n'est pas la science telle qu'ils l'ont apprise; et il suffit que le résultat de mes observations soit le fruit d'une autre méthode que la leur,

---

(*) Ordinairement nous n'apercevons pas la lumière de la vie spiritualisée, parce que l'affectibilité organique n'est pas de nature à en recevoir des impressions; mais cet ordre de choses change dans l'état magnétique, et les somnambules, dont l'affectibilité s'est spiritualisée par l'invasion de l'agent de la volonté dans la circulation nerveuse, se servent de cette lumière pour voir l'intérieur des corps. J'expliquerai ce phénomène physiologique en parlant du somnambulisme lucide, dont aujourd'hui la réalité n'est plus douteuse. J'engage le lecteur à revoir, au III⁼ chap. des *Théories physiques*, l'explication de la manière dont la lumière ordinaire nous affecte, pag. 30, § 3.

pour qu'ils le rejettent sans examen. Ce n'est qu'avec les jeunes gens qu'on peut espérer ouvrir une discussion sur des idées nouvelles, et malheureusement leurs études les appellent ailleurs; aussi les découvertes importantes ne croissent guère que sur la tombe de ceux qui les ont faites. Depuis des milliers d'années les philosophes s'efforçaient inutilement de remonter aux causes, aujourd'hui les savans en ont abandonné la recherche pour s'en tenir à l'examen des effets, et, maintenant qu'ils ont laissé la vérité derrière eux, il est bien difficile de leur persuader de jeter vers elle un coup-d'œil rétrograde. Cependant, on ne peut nier que les hypothèses chimériques de la physique n'offrent aucune base aux systèmes de la physiologie, et l'on sera forcé d'avouer que, faute de connaître l'intermédiaire qui unit la volonté à l'exécution des actes, on a souvent confondu le jeu du mécanisme des sensations avec la faculté de sentir. Quand on prend l'excitation des appareils nerveux pour l'âme, il est facile de conclure son anéantissement de la destructibilité des organes. La vérité est que la physique ne sait pas quel est le principe du mouvement, que la physiologie ne connaît pas mieux celui de la vie, et que la psychologie confond souvent le travail des pensées avec la puissance de penser. Cependant, malgré cette ignorance des causes, bien des gens, qui se prétendent exclusivement positifs, refusent tout examen, et décident que certains phénomènes sont impossibles; tandis que d'autres espèrent arriver à la connaissance de l'absolu à l'aide d'une lumière toute divine. Tel est l'état des sciences, et tant qu'on ne remontera pas aux principes, l'incrédulité du matérialisme et les rêveries du spiritualisme se disputeront notre foi et continueront à nous cacher la vérité (*).

(*) Les relations de la sensibilité de l'âme avec l'affectibilité du corps sont peu connues de la médecine; aussi échoue-t-elle presque toujours dans les maladies nerveuses. On a vu que l'affectibilité se forme dans la nutrition particulière à chaque organe; c'est là, par conséquent, que se trouve le théâtre des souffrances que les maladies du corps nous font endurer. Le fluide nerveux paraît susceptible de peu d'altération, mais la substance des nerfs est nourrie par des sucs lymphatiques qui les parcourent et qui semblent exercer la plus grande influence sur la nature de l'affectibilité. Les virus se propagent de même de glande en glande par les sucs lymphatiques, sans qu'on ait encore rendu un compte satisfaisant de la route qu'ils suivent. On ignore aussi la marche de la circulation cellulaire que semble favoriser un mouvement général d'exhalaison et d'absorption. J'aurais peut-être pu essayer de me procurer quelque lumière nouvelle sur ce sujet important, mais les explorations de la psychologie physiologique ont porté mes observations d'un autre côté. J'engage ceux qui sont à même d'étudier la nature, à faire à cet égard ce que je regrette de n'avoir pas fait.

CHAPITRE XI.

DE LA MANIÈRE DONT L'AME USE DE SES FACULTÉS DANS LES ORGANES DU CORPS.

J'AI essayé de donner une connaissance générale des bases de la Psychologie physiologique, et je me suis efforcé d'éviter l'obscurité; jusqu'ici j'espère m'être expliqué assez clairement pour qu'un esprit méditatif puisse aisément me comprendre, et je me persuade qu'il en sera de même dans le reste de l'ouvrage; mais j'ai besoin que le lecteur n'oublie pas ce qui a précédé et qu'il veuille, en me prêtant son attention, chercher dans ses propres observations une foule de conséquences que je ne fais qu'indiquer.

On a vu que nous devions nos sensations au fluide nerveux qui s'échappe du cerveau pour unir la sensibilité de l'âme au centre de l'affectibilité organique. Nos pensées ne sont ensuite qu'un examen des sensations reçues, et l'on conçoit que cet examen doit se faire nécessairement sur l'appareil et avec l'agent qui les a procurés, c'est-à-dire avec la vie et sur le cerveau.

En effet, l'affectibilité du cerveau est l'écho de l'affectibilité du corps; c'est un miroir où toutes les impresions reçues viennent se peindre. Une partie du fluide nerveux qui les apporte reste au service de l'âme, qui s'en sert ensuite pour reproduire sur le cerveau les impressions qu'elle veut examiner : il en résulte des sensations nouvelles, qui ne sont qu'une image plus ou moins fidèle de celles reçues primitivement; notre intelligence les compare, et c'est ainsi que s'exécute ici-bas le travail de la mémoire et celui des pensées.

La mémoire est donc une réaction de l'intelligence sur la sensibilité; mais l'âme était passive en recevant les impressions premières, tandis qu'elle est active en exécutant celles de nos souvenirs. Les unes et les autres nous donnent les mêmes sensations; aussi les rêves, qui (comme je l'expliquerai bientôt) naissent d'une réaction de l'intelligence sur l'affectibilité, nous font-ils éprouver tout ce que la réalité pourrait avoir d'attrayant ou de pénible.

Je vais parler maintenant d'un organe qu'il importe de connaître pour concevoir les relations de l'âme avec le corps. On le désigne sous le nom de plexus solaire et cardiaque : c'est une dépendance du grand sympathique qui forme des entrelacemens nerveux à la partie inférieure de la poitrine et vers la région du cœur. On conçoit que ces entrelacemens nerveux indiquent plutôt un centre de sensations qu'un organe déterminé ; aussi je ne parle des plexus que pour désigner le théâtre des réactions de l'âme sur le corps. Tout le monde connaît l'influence que la joie et la tristesse exercent sur la circulation sanguine, dont souvent elles précipitent ou suspendent le cours. Il est donc évident qu'il existe dans la poitrine un écho des émotions morales, et c'est lui que je signale sous le nom de plexus solaire et cardiaque.

La vie spiritualisée obéit à l'âme qu'elle enveloppe, mais elle a dans l'organisation deux attaches qu'elle n'abandonne qu'à la mort : l'une au cerveau, au point où le fluide nerveux se spiritualise, et l'autre aux plexus ; et c'est là qu'elle traduit en agitations physiques les mouvemens qu'elle a reçus des affections morales. Il en résulte des sensations consécutives que les nerfs renvoient au cerveau, et qui ne nous apprennent rien d'extérieur; car elles n'ont d'autre objet que de renouveler les émotions qui les ont causées (*). Nous ne sommes pas entièrement maîtres des sensations que nous recevons ainsi, puisque nous ne pouvons à notre gré ni les produire ni complètement les arrêter (**). Cepen-

(*) Les nerfs se divisent en ceux qui appartiennent aux perceptions et aux mouvemens, et ceux de la vie individuelle destinés aux fonctions organiques : les uns partent du cerveau ; les autres, du cervelet. Les premiers sont en rapport avec l'intelligence, et les seconds avec les émotions de l'âme : c'est sur ceux-ci que les passions réagissent, ce qui lie l'existence de l'être spirituel avec l'activité vitale de l'être physique. Aussi les affections morbides des principaux organes de la vie, telles que ceux de la poitrine, de l'estomac, et surtout de la matrice chez les femmes, réagissent puissamment sur le moral des malades.

(**) Par cette raison, quelquefois les douleurs morales survivent à leur cause. Une mère, en apprenant

dant, comme elles sont dues à l'agent de la volonté, l'âme y exerce toujours une grande influence, soit en retenant le mouvement de la vie spiritualisée qui les exécute, soit au contraire en s'y abandonnant pour les recevoir de toute la puissance de sa sensibilité.

L'usage accroît l'empire que nous exerçons sur nous-mêmes, mais ce n'est qu'à l'aide d'un travail long et pénible qu'on finit par maîtriser la réaction des plexus sur le moral. Néanmoins,

que son fils venait d'être tué, éprouva dans la région du cœur des contractions qui l'étouffaient : la nouvelle était fausse; son fils arriva, et ce ne fut que long-temps après qu'elle parvint à arrêter ses pleurs; des sanglots continuaient à la suffoquer malgré elle. Les peines morales causées par la tendresse peuvent être mêlées de quelque charme; car elles donnent à l'âme la conscience de son immortalité : au contraire, les souffrances de la sensibilité sensuelle, causées par les affections morbides des organes, constatent leur destructibilité et nous font prévoir l'anéantissement du corps.

quelques individus, au milieu des circonstances les plus orageuses, parviennent ainsi à isoler assez le travail de
leurs pensées des agitations de l'âme,
pour continuer à pouvoir juger de ce
qui convient le mieux à leur situation.
D'autres, au contraire, et les femmes
surtout, s'abandonnent à leur sensibilité et s'efforcent de se livrer sans ré-
serve aux émotions qui les dominent (*).

Les sensations partent de l'âme lorsqu'elles sont dues à la sensibilité morale, tandis qu'elles nous arrivent de
l'extérieur quand la sensibilité sensuelle
les reçoit. La réaction de la vie spiritua-

(*) Quand l'âme veut s'abandonner à sa sensibilité,
au lieu de retenir la vie spiritualisée, elle la livre aux
mouvemens que ses émotions lui communiquent afin
d'en recevoir par réaction des sensations plus vives.
J'ai vu des femmes commencer volontairement cette
espèce de jeu, et finir, n'en étant plus maîtresses, par
tomber en d'effrayantes convulsions.

lisée sur les plexus est très-apparente dans les premières, mais elle l'est moins dans les secondes qui communément restent inaperçues (*).

Ainsi, le fluide nerveux communique à l'âme les impressions que le corps a reçues en les traduisant en sensations, et celle-ci renvoie à son tour à l'organisation, par l'intermédiaire de la vie spiritualisée, les émotions de sa sensibilité qui se transforment en mouvemens physiques. Deux foyers d'affectibilité servent dans la machine humaine à cette réciprocité d'action : l'un, placé au cerveau, est l'écho des impressions organiques; l'autre, placé dans les

(*) Dans l'état magnétique lucide, l'affectibilité générale acquiert une extrême susceptibilité, et les émotions que l'âme reçoit des sensations de toute nature, se répètent distinctement dans les plexus : en sorte que plusieurs somnambules, attentifs aux répétitions de cet écho, les confondent avec les sensations premières, et s'imaginent voir et entendre par là.

plexus, est celui des émotions de l'âme. Il en résulte que les impressions de l'affectibilité se spiritualisent dans le cerveau, tandis qu'au contraire les affections morales se matérialisent en quelque sorte dans les plexus (*). Il est nécessaire de concevoir le mécanisme de ces communications pour comprendre une foule de phénomènes que j'expliquerai bientôt.

(*) L'âme est enchaînée à l'affectibilité du cerveau; sa sensibilité s'y trouve enveloppée par la vie, en sorte qu'elle ne peut recevoir de sensations que par l'intermédiaire de cet organe : le fluide nerveux y porte les impressions physiques, et les plexus y renvoient le mouvement des affections morales. Je me suis quelquefois demandé pourquoi nous étions portés à presser sur notre cœur les objets de notre amour ; en voici la raison : c'est que nous les rapprochons ainsi le plus près possible des mouvemens de l'âme, qui se répètent tous aux plexus solaire et cardiaque.

CHAPITRE XII.

DE LA MÉMOIRE ET DE L'IMAGINATION.

Je l'ai déjà dit, la mémoire est une réaction de l'intelligence sur la sensibilité; elle est plus ou moins complète selon que les impressions reproduites sont plus ou moins exactement écrites dans l'affectibilité cérébrale. On a vu que cette affectibilité reçoit les impressions des objets terrestres et les communique à la nature spirituelle en les traduisant en sensations. C'est l'unique voie de nos connaissances ici-bas, et nous la suivons sans nous en douter comme une conséquence de notre existence en ce monde (*). En effet, nos

(*) Dès que l'âme est débarrassée des entraves du corps, son intelligence peut réagir immédiatement sur

souvenirs ne se forment qu'en renouvelant nos sensations premières, et puisque nous devons celles-ci aux impressions du cerveau, il faut bien que la mémoire les renouvelle aussi. La vie spiritualisée nous sert dans cette opération à impressionner l'organe comme il l'avait été par la présence des objets, et nous devons à ce travail les images des songes et l'illusion des hallucinations (*).

La mémoire consiste donc à renouveler dans l'âme des émotions précé-

sa sensibilité; mais, tant qu'elle y est enchaînée, ses souvenirs s'arrêtent à ceux dont l'affectibilité organique lui offre les élémens : voilà pourquoi notre mémoire est bornée sur la terre à ce que nous y avons éprouvé.

(*) Quand la sensibilité de l'âme n'est plus unie à l'affectibilité du cerveau, elle reçoit directement de l'action spirituelle les sensations de ses souvenirs : leur étendue devient alors immense, car elle n'est plus bornée par la destructibilité de l'organe. *Voyez* dans la suite ce que je dis de l'accroissement de la mémoire des somnambules lucides.

demment éprouvées, et nos souvenirs
à l'égard de la sensibilité sensuelle ne
rencontrent d'obstacle que dans leur
étendue; car en elle-même elle est
inaltérable. Il n'en est pas ainsi de la
sensibilité morale. J'ai précédemment
expliqué comment nos pensées développent les sentimens de notre choix,
tandis que les autres périssent faute de
culture. Lorsque la sensibilité morale
s'est altérée, le souvenir des sentimens
devient impossible, et la mémoire se
borne à rappeler les faits.

La puissance de penser appartient à
l'âme; mais ici-bas le travail des pensées se fait dans le cerveau : on vient de
voir que, pour former des souvenirs,
nous sommes contraints à réagir sur
cet organe; et par cette raison, si le
mode d'affectibilité change, le travail
de la mémoire devient impossible (*);

(*) Nos sensations sur la terre se forment dans les

c'est ce qu'on observe en retournant du somnambulisme lucide à la vie ordinaire : on trouvera dans la suite l'explication de ce phénomène.

Le travail de la mémoire subit l'influence des changemens d'état du cer-

rapports de l'affectibilité du cerveau avec la sensibilité de l'âme ; en sorte que si la nature de l'affectibilité de l'organe change, il ne présente plus, dans le travail de la mémoire, les élémens des sensations qu'il s'agit de reproduire, et les souvenirs deviennent impossibles : aussi, s'il existait pour nous un passé antérieur à la formation des organes, les souvenirs en resteraient endormis dans notre âme, et ne se réveilleraient qu'à la mort lorsque l'intelligence pourrait réagir sans intermédiaire sur la sensibilité. Ceci rappelle ces souvenirs vagues d'existences antérieures, que tant d'hommes prétendent avoir apportés sur la terre. Les théosophes les expliquent, en supposant des communications imparfaites avec des esprits qui ont déjà vécu ; mais cette explication me semble inadmissible, quand les lueurs de souvenirs viennent du dehors à la vue d'objets nouveaux que l'on croit reconnaître ; car les communications avec les esprits se feraient intérieurement.

veau : on remarque généralement qu'elle est fugitive dans l'enfance quand l'affectibilité se développe, et paresseuse dans la vieillesse lorsque tout se détruit (*).

Notre existence sur la terre se compose d'une suite de sensations dont nous ne possédons jamais à la fois qu'une faible partie. La mémoire ne conserve que ce qui est remarquable, et l'imperfection des organes ne permet pas à l'âme (forcée de s'en servir) de revenir de la fin de l'année à son commencement pour se trouver en présence de tout ce qui l'affecta. Les nouvelles sensations que le fluide nerveux apporte à chaque instant forment un voile qu'en fuyant le présent jette

(*) Il me semble que dans la vieillesse la faiblesse de l'affectibilité du cerveau se rapproche de la nature de celle que cet organe avait dans l'enfance, et que c'est par cette raison que les souvenirs du premier âge reparaissent alors avec plus de force.

sur le passé. Rien cependant ne semble perdu, car, lorsqu'on enlève ce voile, les souvenirs effacés reparaissent dans tous leurs détails : tel est un des résultats remarquables du retour de l'état magnétique à la vie commune.

L'imagination n'est qu'un emploi des matériaux que la mémoire a ramassés; elle consiste à prendre dans nos souvenirs une multitude d'images dont nous disposons ensuite pour créer des êtres et des circonstances de fantaisie. L'imagination peut s'élancer dans l'avenir ou rétrograder vers le passé; ses tableaux sont fantastiques, mais les émotions qu'elle procure ne contribuent pas moins à nos plaisirs et à nos peines. Poussée trop loin, elle se rapproche de la folie, qui nous donne aussi des sensations contraires à la réalité.

Dans les temps d'ignorance, la su-

perstition s'emparait de tous les phénomènes, et, sans en discuter les causes,
elle voyait partout l'œuvre immédiate
de la puissance divine, ou l'intervention du démon. L'imagination joue
aujourd'hui à peu près le même rôle.
On l'indique en physiologie comme la
cause de tout ce qui paraît inexplicable. Les faits les mieux constatés sont
d'abord qualifiés d'erreurs grossières,
et, quand enfin ils sont devenus incontestables, on les attribue à l'imagination; mais personne n'indique par
quelle voie cette action spirituelle détermine des résultats physiques. C'est
cependant ce qu'il faudrait nous apprendre. Chacun sait que l'exaltation morale
exerce un puissant empire sur le corps;
l'amour, la haine, la colère, et généralement toutes les passions, nous en offrent la preuve. La difficulté consiste à
expliquer leurs moyens d'action; et, dès

qu'on saura comment la volonté fait contracter les muscles, on saura aussi pourquoi, au milieu d'un incendie, la peur peut en rendre l'usage et faire marcher un paralytique. Les Mémoires de l'Académie de médecine constatent un grand nombre de phénomènes de ce genre, et j'en pourrais citer plusieurs.

Il y a quelques années les prières de madame de Saint-Amour produisirent à Nantes des cures extraordinaires, que MM. de Tolenard et Richer attribuèrent à l'intervention immédiate de la puissance divine. On cria au miracle d'un côté, et de l'autre à l'imposture. Cependant les guérisons étaient réelles; mais elles furent de courte durée, et les adversaires du merveilleux crurent alors tout expliquer en les attribuant à l'imagination : comme si la production des phénomènes devenait plus facile à concevoir quand ils ne sont qu'éphémères. Il est évident que la difficulté restait entière. Je rendrai bientôt compte de ces prétendus miracles.

Lors des premières guerres de la révolution, un officier entra à la tête de sa troupe dans un riche village allemand, et prit son logement à la ferme la plus apparente : tout y annonçait l'aisance; une femme infirme, assise dans un fauteuil à bras, s'y tenait près de la cheminée; la pièce était en outre échauffée par un poêle en fonte, et l'on venait de dîner sur une table de noyer posée à demeure au milieu de la chambre. Le voyageur demanda du vin, de la bierre ou du lait; mais on répondit qu'il n'y avait que de l'eau, et quand il fut question d'alimens plus solides, un jeune homme dit en allemand qu'un reste de pommes - de - terre que les pourceaux avaient laissées, était assez bon pour un Français. Ces paroles imprudentes furent le signal de l'explosion ; le nouveau venu tira son sabre, il en frappa violemment les meubles en jurant, et tous ses hôtes s'enfuirent épouvantés. Un malheureux chat, au milieu de l'orage, crut se sauver en sautant sur la table ; mais le militaire saisissant l'animal et levant le couvercle du poêle, le lança au milieu du brasier..... A ce dernier trait, la paralytique éperdue, qui suivait des yeux cette scène, tressaillit sur son fauteuil, et, retrouvant tout-à-coup ses jambes, abandonna ce lieu de désolation. Sa guérison fut ensuite considérée comme un miracle, et le militaire fêté comme un envoyé du ciel.

Je pourrais citer un grand nombre de cures analogues, et les prières du prince de Hohenlohe ont fait éclater des merveilles en ce genre ; mais elles

n'ont pas toujours eu la même efficacité; car le succès dépend bien plus de
la disposition vitale que fait l'ardente
foi des malades, que du pouvoir de
l'opérateur.

Le curé de Reichoffen (Bas-Rhin),
uni d'intention avec le prince, annonça, en 1829, à ses paroissiens, qu'à
certain jour indiqué tous ceux qui en-
tendraient sa messe seraient guéris. La
foule accourut; mais le succès ne répondit pas à ses espérances, et la foi
grande du pasteur fut ensuite tour-
née en ridicule. Je suis persuadé néanmoins que si un ou deux des assistans
eussent jeté leurs béquilles en criant
au miracle, cet incident eût pu produire dans l'assemblée des phénomènes
très-réels.

On se moque de la crédulité du peu-
ple; mais les résultats que parfois elle
produit n'en sont pas moins surpre-
nans, et, au lieu de signaler l'imagina-

tion comme la cause de faits que la multitude prend pour des miracles, il serait plus instructif de les expliquer. En effet, la science ne nous apprend rien en mettant l'imagination à la place d'un pouvoir surnaturel, et la vérité est qu'elle ne fait en cela que changer le nom d'un inconnu. L'ignorance cachée sous un autre mot est toujours l'ignorance, et l'accumulation des phénomènes ajoute peu de choses à nos lumières tant qu'aucun d'eux n'est expliqué.

J'ai fait connaître la formation de la vie, et je crois avoir prouvé que c'est avec son secours que l'être spirituel parvient à mouvoir le corps. L'agent est le même dans tous nos actes; mais l'usage peut varier suivant les circonstances et notre volonté. Quand l'énergie morale devient extrême, elle dispose avec une telle puissance de la modification vitale soumise à son empire, qu'elle produit quelquefois des résultats qui semblent dépasser les bornes du possible; mais assez souvent ces effets extraordinaires sont passagers, et les choses rentrent bientôt dans l'ordre accoutumé. Voilà la cause du peu de durée des cures opérées à Nantes par madame de Saint-Amour. J'expliquerai ces phénomènes avec plus de détails en parlant de ceux du magnétisme vital (*).

Les faits de tous les instans semblent expliqués par cela même qu'ils se répètent souvent, et bientôt on les cite comme objets de comparaison pour rendre raison des cas rares. C'est ainsi que le docteur Bertrand, dans un ouvrage recommandable d'ailleurs, rap-

(*) La volonté suit ordinairement la voie des sensations dans l'exécution des actes, et si alors elle envoie au dehors la vie dont elle dispose, elle magnétise naturellement; mais, quand une foi ardente projette la vie en priant, elle suit la voie des sentimens et des pensées, et l'on magnétise spirituellement : ce genre de magnétisme est peu connu de ceux même qui le pratiquent. Je m'expliquerai ailleurs à ce sujet.

proche la catalepsie, l'extase et le somnambulisme lucide, des phénomènes attribués à l'imagination. Il conclut ensuite des analogies par lui constatées, que le fluide vital n'existe pas, tandis qu'au contraire j'y trouve la preuve que ce fluide est l'agent de l'âme et le moyen d'exécution commun à tous ses actes. A la vérité, le docteur Bertrand ignore ce que c'est que la vie, et paraît supposer que la volonté agit sur les organes sans intermédiaire.

On ne saurait trop le répéter, on ne peut espérer élever un bon système de physiologie qu'en l'appuyant sur la physique, et tant que celle-ci n'aura pas découvert la cause des mouvemens premiers, il faudra la reprendre en sous-œuvre, et recommencer l'étude de la nature; car les hypothèses imaginées ne tiennent pas lieu de la vérité et ne dispensent pas du besoin de la trouver.

CHAPITRE XIII.

DU SOMMEIL ET DES RÊVES.

Le sommeil est un des plus curieux phénomènes qu'offre l'existence de l'homme sur la terre : il semble, quand il est profond, séparer l'intelligence de l'organisation, en ne laissant après lui aucun souvenir ; et quelquefois dans les rêves il est accompagné de tant d'illusions, d'images si bizarres et d'émotions si vives, que les événemens de la veille ne présentent rien de comparable. On dirait, aux rapports singuliers que certains songes se trouvent avoir ensuite avec l'avenir, qu'ils ont été portés jusqu'à nous par l'influence d'un monde supérieur que les sensations de la vie nous cachaient pendant la veille : telle est l'origine d'une foule de superstitions accueillies autrefois avec trop de confiance, et que, de nos jours, quelques personnes rejettent avec plus d'assurance que de lumières.

Plusieurs philosophes ont pensé que le sommeil consiste dans un engourdissement des organes, et qu'il appartient exclusivement au corps, tandis qu'au contraire l'activité est de l'essence de l'esprit, et continue à se manifester par des rêves, alors même que nous dormons (*).

Il est remarquable qu'on se hâte presque toujours de poser des principes sur ce qu'on connaît le moins; cela retarde la marche de la science

(*) M. Jouffroy a soutenu cette doctrine dans trois articles du journal le Globe, des 19, 22 mai et 9 juin 1827, où il donne une explication du sommeil et des rêves, que je réfutai à cette époque.

en la faisant précéder de préjugés qu'il faut détruire ensuite. Si l'on n'eût pas commencé par adopter des idées absolues sur l'âme et la matière, la haute philosophie ne serait pas à refaire aujourd'hui. J'ignore par quelle voie on est arrivé à se convaincre que l'activité est de l'essence de l'esprit; mais ce que je sais par expérience, c'est qu'il éprouve dans la veille des intervalles de ralentissement et même de repos complet. D'ailleurs, il faut bien reconnaître que toute diminution d'activité est une interruption relative.

La puissance de penser appartient à l'âme; mais il ne s'en suit pas qu'elle doive l'exercer sans relâche. Raisonner ainsi, c'est soutenir qu'il n'y a d'ouvrier qu'autant qu'il est incessamment à l'ouvrage.

On assure que le sommeil consiste dans un engourdissement des organes, et que, par conséquent, il appartient au corps, dont les sens s'endorment pendant que l'esprit continue à veiller; mais on ne fait pas attention que cet engourdissement attribué au corps, provient uniquement de la suspension de ses communications avec l'âme. En effet, les organes n'ont pas de sensibilité par eux-mêmes, ils ne sont qu'impressionnables, et ceux des sens peuvent, quand nous dormons, continuer à recevoir des impressions; mais alors leur affectibilité a cessé d'être en rapport avec l'être spirituel qui n'en reçoit plus de sensation.

Ouvrez les paupières d'un homme profondément endormi, et vous reconnaîtrez que l'image des objets se peint encore dans ses yeux; cependant, il ne les voit pas, parce que chez lui la sensibilité de l'âme ne communique plus avec l'affectibilité du corps (*). Les impressions ne sont que des accidens physiques propres à provoquer des émotions spirituelles nommées sensations, et jamais on ne doit les confondre avec elles.

Si j'examine quelle modification l'existence des organes éprouve en passant de la veille au sommeil, je m'assure que dans un corps endormi le sang circule, la respiration se fait, la digestion s'opère, en un mot, le travail de la végétation continue, et tout ce qui dépend du mouvement organique éprouve peu d'altération. Il faut

---

(*) Il en est de même dans l'engourdissement causé par la compression des nerfs : elle interrompt la circulation nerveuse, et les membres ne donnent plus de sensations; mais l'engourdissement finit par des picottemens souvent insupportables, ce qui n'accompagne pas le réveil, parce que la circulation nerveuse continue quand nous dormons, tandis qu'elle est suspendue par la compression des nerfs.

encore reconnaître que la circulation nerveuse n'est pas arrêtée, car toutes les impressions un peu fortes amènent le réveil en causant des sensations : ainsi, le sommeil n'affecte pas essentiellement l'existence du corps; il devient, après une longue veillée, un besoin impérieux : cependant, il est jusqu'à un certain point soumis à l'empire de la volonté, car nous pouvons le provoquer et surtout le suspendre longtemps. J'ai précédemment expliqué, en parlant des fonctions des plexus, comment l'âme se sert de sa puissance sur la vie pour arrêter la réaction des émotions qui troubleraient son jugement : le sommeil a quelque chose d'analogue; aussi, quand nous sommes fortement occupés d'un objet, nous dormons en quelque sorte pour tout le reste. Dès que le sommeil survient, les yeux se ferment, les contractions musculaires ces-

sent, et le corps fléchit sous son poids :
tels sont les premiers symptômes qui
se manifestent dans l'organisation de
l'homme qui s'endort, et, jusqu'ici,
c'est à peu près tout ce qu'on en sait.
On ignore de même comment les travaux de l'intelligence s'exécutent pendant la veille ; seulement on a remarqué qu'ils ont la plus grande analogie
avec ce qui se passe dans les rêves. Voilà
l'état actuel des lumières. On a pourtant beaucoup écrit sur le sommeil,
mais sans rien dire de bien satisfaisant,
parce qu'il consiste dans un changement de relations entre l'être moral et
l'être physique, dont jusqu'ici le mode
restait inconnu. Comment, en effet,
expliquer les différens usages des modifications vitales que le corps met à la
disposition de l'âme, quand on ignore
ce que c'est que la vie ? On a comparé
le sommeil à la mort, parce qu'il in-

terrompt pour un temps les rapports
de l'organisation avec la sensibilité,
tandis qu'elle les détruit pour toujours.

Pendant la veille, l'âme, à l'aide de
la vie spiritualisée, possède le corps et
le dirige suivant sa volonté. Le corps,
de son côté, possède l'âme en lui donnant des sensations, et le fluide nerveux qui lui sert à cet usage est l'objet
d'une circulation dont le cerveau est
le principal organe. Une partie de la
vie s'en échappe sans cesse en se spiri-
tualisant, et c'est là que les sensations
se produisent dans l'union de l'affectibilité avec la sensibilité : c'est aussi là
nécessairement que le sommeil se
forme; car il consiste dans une suspension momentanée des relations du
corps avec l'être spirituel.

Pendant la veille, l'âme se rapproche
de l'affectibilité; elle envahit l'organisa-

tion et la possède par l'action soutenue qu'elle imprime à la modification vitale qui lui obéit, et c'est ainsi qu'elle conserve la rectitude du tronc en maintenant les contractions musculaires. Dans le sommeil, au contraire, la volonté abandonne le corps, l'action de son agent cesse, et les membres fléchissent à mesure que la vie spiritualisée se retire. L'âme éloigne sa sensibilité de la présence immédiate des impressions cérébrales, et par là ses rapports avec l'affectibilité sont relâchés.

Le sommeil est ordinairement simultané; mais quelquefois il se déclare peu à peu et commence par un engourdissement qui, des extrémités, gagne le tronc et la tête. Les mêmes gradations peuvent accompagner le réveil; mais elles suivent un ordre inverse, et la tête, déjà réveillée, permet alors de sentir, dans une sorte de vague, l'existence des autres membres encore en repos (*).

Le corps cède à son inertie naturelle dès que l'âme cesse de s'en occuper, et la flexion générale des membres de l'homme qui s'endort est la conséquence de la retraite de l'agent de sa volonté ; mais, comme celle-ci est étrangère aux mouvemens du mécanisme organique, ils se maintiennent pendant le sommeil, en sorte que le fluide nerveux continue à se spiritualiser en s'échappant du centre de l'affectibilité

(*) Le sommeil, rigoureusement parlant, n'existe que dans la tête, au centre de l'affectibilité dont l'âme s'isole quand nous dormons, et qui se trouve en rapport plus ou moins éloigné avec l'affectibilité des autres parties; ce qui produit les gradations dont on vient de parler. Dans la veille, l'âme, en disposant de la vie spiritualisée, s'unit intimement à l'affectibilité cérébrale; tandis que dans le sommeil, elle en éloigne son agent autant que les liens de la vie le permettent.

cérébrale; bientôt l'accumulation qui s'en fait nous communique des sensations et contraint l'âme à veiller malgré elle aux besoins du corps. Telle est la cause naturelle du réveil; et c'est aussi ce qui s'oppose à ce que l'âme puisse produire le sommeil à volonté tant que la vie spiritualisée reste assez abondante pour unir forcément sa sensibilité aux impressions que le corps reçoit.

La nuit est le temps du repos, et pour l'ordinaire le premier sommeil est profond; mais il devient plus léger à mesure que les pertes de la vie spiritualisée se réparent : c'est par cette raison que les rêves sont plus fréquens et plus suivis le matin. Les communications imparfaites qui se sont rétablies entre l'âme et le corps, nous donnent alors des demi-sentations; elles excitent la mémoire, et les efforts que l'intelligence fait sur l'affectibilité cérébrale pour compléter ses souvenirs, achève d'y tracer les images des rêves. Tout ce qui émeut notre sensibilité peut en devenir l'occasion (*). S'il s'agit d'un lieu, nous en peignons les détails en nous en occupant, et les impressions qu'en reçoit le cerveau nous présentent bientôt une suite de tableaux qui se succèdent dans l'ordre de nos idées. Cet ordre est presque toujours tel que la réalité ne peut rien offrir de semblable; c'est le travail de la mémoire, et l'on sait que nos souvenirs s'enchaînent les uns aux autres, et réunissent souvent les circonstances les plus disparates; ils parcourent les lieux et les événemens sans avoir égard au temps et aux distances, et souvent ils associent l'image

(*) Il suffit quelquefois, pour faire rêver et même parler une personne profondément endormie, de lui passer une plume sur les lèvres ou de la questionner en lui pressant légèrement le petit doigt.

de ceux qui ne sont plus à celles des personnages vivans.

La végétation animale se soutient dans le sommeil parce qu'elle est due à une excitation particulière à chaque organe, que le mécanisme vital reproduit de lui-même. Il devrait en être autrement de la respiration, qui dépend notamment de l'action de l'âme : cependant elle continue aussi quand nous dormons ; car l'agent de la volonté qui la produit ne quitte jamais entièrement la poitrine. On sait que la vie spiritualisée a deux foyers, l'un au cerveau, l'autre aux plexus ; elle y prend des attaches qu'elle ne peut abandonner qu'à la mort. Il n'y a dans le sommeil que sa partie libre qui se retire de la poitrine, et la respiration en devient plus laborieuse.

On pourrait comparer le sommeil aux privations momentanées de sentiment qui suspendent aussi les relations de la sensibilité avec l'affectibilité. La syncope a deux causes : elle arrive, soit par l'énergie du mouvement de l'âme qui interrompt subitement ses communications avec le cerveau, soit par un spasme organique qui suspend le cours de la circulation nerveuse, et relâche son union avec la vie spiritualisée (*).

Le sommeil est en partie volontaire et en partie forcé; car il dépend de la quantité de vie spiritualisée que le corps fournit et de la disposition que l'âme en a faite. Il devient profond quand nous en avons beaucoup dépensé. Dès que l'a-

(*) Lorsque l'exaltation de la sensibité morale donne à l'âme une trop grande puissance sur la vie spiritualisée, l'impulsion qu'elle lui imprime peut la séparer complètement du fluide nerveux; et c'est ainsi qu'on meurt de douleur ou de plaisir. La syncope prolongée est toujours dangereuse; car elle diminue l'effluve du fluide nerveux, qui peut s'arrêter et amener la mort.

gent de la volonté n'est plus assez abon-
dant, l'homme éprouve dans ses actes
une difficulté d'exécution qui l'invite à
s'abstenir, et c'est ce que nous appelons
envie de dormir.

Le besoin de sommeil se fait sentir
par la même cause quand la mort arrive
à la suite de l'épuisement de la vie qui
ne se renouvelle qu'en quantité décrois-
sante jusqu'à ce qu'elle s'éteigne complètement. La campagne d'hiver en Rus-
sie en offrit de tristes exemples; nos
soldats saisis par le froid répondaient à
leurs compagnons qui les pressaient de
marcher, qu'un sommeil insurmontable s'était emparé d'eux. Ce besoin de
sommeil était le résultat de la diminution de la vie que le froid soutirait
sans cesse. L'asphyxie due à la vapeur
du charbon offre le même symp-
tôme; mais elle est, en outre, accompagnée d'embarras au cerveau causés

par l'appauvrissement du sang qui cesse d'entretenir l'excitabilité des vaisseaux. L'âme emploie la vie spiritualisée pour agir sur le corps, et nos mouvemens deviennent difficiles dès que celle-ci diminue sensiblement; cette diminution nous invite à dormir, et c'est cette cause qui, dans les vieillards, rend le sommeil continuel d'un si fâcheux pronostic.

Le nœud de notre existence consiste dans l'union du fluide nerveux avec la vie spiritualisée; la partie libre de cette dernière se retire de la poitrine quand nous dormons, ce qui rend la respiration plus laborieuse. La mort naturelle offre quelque chose d'analogue; car l'attache de l'agent de la volonté aux plexus est la première à se détruire, ce qui s'annonce par une respiration râleuse plus ou moins prolongée. Enfin le lien se rompt, la poitrine s'affaisse, et

l'air qu'elle chasse fait entendre un long
et dernier soupir ; la vie spiritualisée se
précipite alors au cerveau et l'abandonne aussitôt avec l'âme qu'elle enveloppe d'un voile lumineux. Je rendrai
compte plus tard de ce phénomène.

Le travail de la mémoire peint des
images dans le cerveau de l'homme
éveillé de même que dans celui de
l'homme endormi, avec cette différence
pourtant que dans la veille nous avons
la conscience de nos actes, tandis que
dans nos songes, l'âme éloignée de l'affectibilité cérébrale, reçoit comme une
œuvre étrangère les tableaux qu'elle-
même vient y tracer. Un exemple suf-
fira pour en rendre le mécanisme sensible. Je suppose que je veuille me rappeler le château de Versailles : ma volonté, pour former ce souvenir, réagira
sur ma sensibilité, en renouvelant dans
l'affectibilité cérébrale les impressions

qu'elle reçut à l'aspect de cet édifice. Je verrai intérieurement ce que j'avais vu extérieurement, c'est-à-dire que l'agent de ma volonté reproduira dans mon cerveau des impressions semblables à celles qu'il avait reçues d'abord par l'intermédiaire de mes yeux. La peinture sera plus ou moins exacte selon que le travail sera plus ou moins bien exécuté. Les tableaux ainsi tracés forment en état de veille la base de nos souvenirs; mais pendant le sommeil l'illusion se forme, et ce sont des rêves.

Chacun, lorsqu'il essaie de se retracer en idée les détails d'un lieu, peut reconnaître, en s'examinant attentivement, que les images de ses souvenirs se forment et se complètent les unes après les autres, et qu'il n'aperçoit bien l'ensemble qu'après avoir terminé le tableau. Ces images sont d'autant plus vives, que l'affectibilité de l'organe sert mieux la volonté. Quelques personnes, et des enfans surtout, voient intérieurement, en fermant les yeux, les objets sur lesquels leur attention se concentre et que souvent leur imagination produit.

Le travail de la mémoire explique comment se forme l'illusion des songes. Nous voyons et nous entendons dans le sommeil comme dans la veille; nos sensations sont les mêmes, elles nous arrivent seulement par des voies différentes. Lorsque nous veillons, le fluide nerveux transmet au cerveau les impressions reçues du dehors, tandis qu'en dormant l'intelligence y trace directement les images des rêves.

Nos connaissances n'ont d'autre source que nos sensations, et, dès que les impressions dues à la mémoire deviennent aussi vives que celles produites par la présence des objets, l'illusion se forme, et nous confondons l'œuvre de nos souvenirs avec la réalité. L'âme entend alors le son des paroles qu'elle a pensées, et voit les personnages dont elle s'occupe. Telle est la cause des hallucinations : elles ont leurs degrés, et pour l'ordinaire ceux qui les éprouvent les combattent à leur naissance; mais la continuation des sensations erronées finit par les subjuguer; et, dans cet état déplorable, la vie devient un triste mélange d'erreurs et de vérités où la raison égarée ne se retrouve plus.

Le sommeil suspend les relations entre l'âme et le corps; c'est un état où l'être moral isole sa sensibilité de *l'impressionnabilité* de l'être physique (*) : il démontre l'union des deux

(*) Cet isolement momentané de l'âme, qui pendant le sommeil se réfugie dans la vie en s'éloignant de l'appareil des sensations, dont elle se rapproche ensuite, prouve que son existence n'en dépend pas et qu'elle pourra l'abandonner un jour.

natures que nous réunissons sur la
terre. Nous ne pourrions pas, en effet,
ajourner à notre gré le travail des pensées s'il était le produit du jeu de l'organisation; et si l'on fait attention que
le sommeil est, sous plusieurs rapports,
soumis à la volonté, qu'elle peut s'en
défendre, s'y livrer ou le chasser, on
demeurera convaincu que la puissance
de penser qui, pour un temps, s'isole
ainsi du corps, n'en saurait être un
produit.

Les sensations que nous recevons
en dormant ont différentes causes :
elles naissent de mouvemens inté-
rieurs, ou d'impressions que le corps
reçoit du dehors. S'il arrive, par exemple, qu'un souvenir nous rappelle une
forêt, en cherchant à examiner ce lieu
sauvage, nous y peindrons tous les détails qui s'offriront à nos pensées, et
notre imagination pourra y représen-

ter les tableaux les plus rians ou les scènes les plus tragiques. Un rêve dont la frayeur trace les tableaux, finit ordinairement par des secousses qui amènent subitement le réveil.

Dans le sommeil, l'âme n'est pas toujours complètement trompée par ses songes. Quelquefois elle reconnaît son erreur en comparant les souvenirs de la veille avec le désordre des rêves (*). Mais l'illusion revient bientôt, quoique le jugement l'ait un instant aperçue. Il faut se réveiller complètement pour échapper aux prestiges de ses songes, et souvent la volonté l'essaie

(*) Cette situation dans le sommeil est digne de remarque : les souvenirs de la veille et les sensations des rêves s'y combattent, en traçant tour-à-tour dans le cerveau des images opposées, et c'est l'âme qui peint elle-même ces tableaux contradictoires. Rien ne distingue mieux la puissance de penser du travail des pensées.

en vain. Quelquefois les tableaux que
les rêves nous présentent ont une vi-
vacité et une liaison qui nous captivent
au point de nous rendre insensibles
à toute autre chose; l'âme, absorbée
dans l'examen des sensations qu'elle en
reçoit, peut alors ordonner des mouvemens que la vie spiritualisée fait exécuter
au corps sans interrompre le sommeil.
Cet état, que l'on nomme somnambulisme naturel, n'est pas rare, et présente
un phénomène opposé à celui du sommeil ordinaire; car les membres se meuvent et sont en quelque sorte éveillés,
tandis que l'agent de la volonté ne possède encore l'affectibilité du cerveau
qu'en suivant la série des sensations
que le rêve a produites; l'attention que
l'âme y donne prolonge le sommeil et
produit l'isolement pour tout le reste.

Je viens d'exposer quelle est, dans
mon opinion, la cause d'un grand nom-

bre de phénomènes restés jusqu'ici sans explications satisfaisantes. Ils ont une analogie marquée avec les aliénations mentales dont je vais m'occuper.

CHAPITRE XIV.

DES ALIÉNATIONS MENTALES, DE L'IMBÉCILLITÉ, DES HALLUCINATIONS, DU DÉLIRE, DE LA FOLIE, DE LA FUREUR, ET DES AFFECTIONS MÉLANCOLIQUES.

LES aliénations mentales proviennent toujours d'un vice ou d'un désordre dans les organes qui servent sur la terre aux communications entre l'âme et le corps. Elle ont des variétés presque infinies; cependant ou peut les ranger en trois classes principales : l'imbécillité, la folie et la fureur.

L'imbécillité est native ou accidentelle; elle a sa cause dans l'incapacité du cerveau : c'est un instrument qui, sous le rapport du travail des pensées, n'a jamais été ou n'est plus en état de servir.

La puissance de penser appartient à l'être spirituel, et il est probable que toutes les âmes la possèdent au même degré; mais j'ai précédemment expliqué la nécessité où nous sommes sur la terre d'exécuter le travail des pensées à l'aide du cerveau. Cet organe chez tous n'est pas si habile, ni toujours si bien disposé; il perd ses forces lorsque la vieillesse arrive et ne les a pas encore acquises pendant l'enfance. Dans l'âge mûr, le plus léger accident suffit pour diminuer son aptitude au travail : un rhume de cerveau, par exemple, influe notablement sur sa capacité; l'âme voudrait alors inutilement s'appliquer à l'étude, l'organe lui refuse son service; elle juge très-bien que l'obstacle provient de l'indisposition de l'instrument qu'elle emploie, et peut aisément distinguer ainsi la puissance de penser de l'exécution des pensées. Quelquefois il nous arrive encore (particulièrement dans les affections rhumatismales qui se portent à la tête), de prononcer un mot différent de celui que nous voulions dire; il semble alors que dans l'exécution le musicien s'est trompé de note; on est tout étonné du résultat, et je sais qu'en pareil cas j'ai souvent cherché à lier à l'harmonie de ma phrase la parole ainsi survenue à l'improviste (*).

L'imbécillité a différens degrés; elle peut être la suite d'une chute, d'un coup sur la tête, en un mot, de tout ce qui gêne le travail des pensées ou le rend impossible. Les épanchemens entre les membranes qui tapissent le crâne (quand ils ne privent pas de sentimens), produisent une sorte d'imbécillité relative que l'opération du trépan, en évacuant le li-

(*) Un goutteux, dans les premiers instans qui suivirent un accès qui avait porté sur le cerveau, se trompait ainsi à chaque instant, et demandait, par exemple, son chapeau au lieu de son mouchoir.

quide, fait quelquefois disparaître (*).

Le travail de la mémoire indique de quelle manière se forme l'illusion des songes; et, dans la veille, dès que les réactions mentales acquièrent la puissance des impressions premières, il devient impossible de les distinguer. C'est ce qui arrive quand on exaspère l'impressionnabilité du cerveau en l'occupant sans cesse du même objet. On voit et on entend, alors, ses propres pensées, aussi clairement que si les images et les sons venaient du dehors, et la raison s'égare trompée par des sensations fallacieuses. Ces hallucinations ne sont, quelquefois, ni continuelles, ni complètes, mais elles caractérisent

(*) Je me rappelle avoir lu quelque part qu'un moine qui, dans sa communauté, passait pour stupide, reçut une tuile sur la tête : on le trépana : l'opération réussit, et, dans la suite, il déploya une intelligence remarquable.

les monomanies. J'en pourrais citer beaucoup d'exemples.

Une dame avait recueilli chez elle une orpheline qu'elle traitait avec bonté; celle-ci, dans son service, était chargée de soigner des lapins; il lui vint à l'idée qu'on la chasserait si elle les tuait. Les conséquences que cette méchante action aurait pour elle frappèrent son imagination au point qu'elle finit per entendre une voix qui lui disait de tuer ces animaux. Plus ce conseil l'effrayait, plus il se faisait entendre ; car elle s'en occupait davantage. Tourmentée ainsi continuellement et ne pouvant échapper à sa propre pensée, elle crut s'en débarrasser en s'y abandonnant, et les lapins furent immolés sans autre motif.

Les monomanies luxurieuses sont malheureusement beaucoup trop communes : quand une imagination lascive

se laisse entraîner, dans la solitude de
ses pensées, au penchant qui la porte
à se retracer des scènes et des images
qui l'excitent; les efforts qu'elle fait
pour leur donner de la puissance parviennent quelquefois à produire sur le
cerveau les mêmes impressions que la
réalité. Vainement le malade essaye-t-il
ensuite d'échapper aux hallucinations
qui le poursuivent; il est rare qu'il
puisse y parvenir, et sa raison, même
avec le secours de la médecine, succombe ordinairement sans retour. La
brochure que le docteur Esquirol a
publiée sur les monomanies homicides,
est remplie d'exemples analogues; je
pourrais les citer tous sans exception,
et les expliquer de même; mais je
crois en avoir dit assez pour faire comprendre comment se forme ce déplorable phénomène.

Le délire, dans les fièvres, est causé

13.

par les agitations spontanées que le cerveau prend de lui-même, et qui viennent y peindre des images semblables à celles produites par les objets extérieurs : ces tableaux sont ensuite complétés et continués, comme dans les rêves, par l'intelligence qui s'en empare et veut les examiner. L'exaspération est telle, que presque toujours les impressions du dehors sont moins vives et cessent, par conséquent, de se faire sentir (*).

Le délire peut être considéré comme une folie momentanée ; il se manifeste

(*) Les sensations vives ont une puissance qui nous attache et nous rend insensibles à celles produites par d'autres impressions : on peut dire alors, comme dans le somnambulisme ordinaire, que nous dormons pour tout le reste. Lorsque le délire est causé par l'accélération de la circulation sanguine, il est moins fâcheux; mais il est souvent d'un sinistre pronostic, quand il a son siége dans le système nerveux, et que le pouls reste calme.

de même par des sensations qui ne sont plus en rapport avec les objets présens ; cependant, la folie se borne ordinairement à pervertir certaines sensations, tandis que dans le délire le désordre est général. Nous ne connaissons l'existence des choses que par les impressions qu'elles font sur nos organes, et notre jugement s'égare dès qu'un mouvement spontané du cerveau y trace les images qu'en état de santé il reçoit du dehors. Nous nous trompons alors en attribuant aux objets extérieurs des tableaux produits par des convulsions. Telle est la cause de la folie : elle égare notre raison, parce qu'elle a perverti la voie que prennent nos sensations. Une illusion semblable nous séduit dans les rêves, et leur explication jette beaucoup de jour sur cette matière.

La personne ménacée de folie s'aperçoit assez souvent (comme dans les

songes) que ses sensations ne sont plus
en harmonie avec ce qu'elle éprouvait
autrefois; elle hésite alors, et, dans ses
rêveries, elle s'occupe en silence à former
sa conviction. Aussi ces sortes de maladies commencent souvent par la taci-
turnité. La personne attaquée se montre
d'abord embarrassée en manifestant sa
pensée; ou bien au contraire (si elle est
impérieuse), elle veut contraindre les autres à partager ses nouvelles idées, et son
impatience va jusqu'à l'emportement,
ce qui l'égare de plus en plus. Les efforts de la raison peuvent, malgré nos
passions, rectifier les erreurs de nos jugemens; mais il n'en est pas de même
des erreurs de nos sensations, et, quand
nous en recevons sans cesse de fantastiques, elles finissent toujours par nous
tromper.

Ordinairement on ne reconnaît la
folie que long-temps après qu'elle s'est

déclarée, et il peut être difficile de remonter alors aux sensations fallacieuses qui l'ont produite, surtout quand elle ne se manifeste plus que dans ses conséquences. Cependant, il est certain que le désordre des idées commence toujours par celui des sensations; il est même impossible qu'il en soit autrement, car, en santé comme en maladie, toutes nos idées sont la suite de ce que nous avons senti.

Il faut connaître pour aimer ou pour haïr; ainsi nos passions se forment dans les rapports de nos sens avec les objets extérieurs, elles donnent l'énergie des sentimens à notre volonté, et quand ensuite celle-ci est contrariée, elle peut devenir assez violente pour imprimer aux plexus des mouvemens fougueux qui les font entrer en convulsions. Il en résulte un état d'exaspération et même de fureur dans lequel l'âme perd toute juste appréciation des choses; mais il n'y a folie qu'autant que le cerveau en reçoit des images fantastiques; jusque là il n'y a dans la fureur qu'une absence de jugement.

Il est une autre espèce de trouble qui, sans être la folie, porte pourtant le désordre dans le travail des pensées. Quelquefois la mobilité de l'affectibilité cérébrale devient extrême, et s'exaspère au point que toutes les sensations qu'elle communique sont exagérées; les moins offensives deviennent douloureuses (*). Il est alors difficile de raisonner juste; car les sensations du moment absorbent l'intelligence, et, si, dans ses souvenirs l'âme veut en réunir plusieurs, le trouble devient général et ne permet

---

(*) Les douleurs que les ulcères font éprouver sont aussi le résultat de l'exaspération de l'affectibilité locale. J'en dirai un mot plus loin, en parlant des changemens qui peuvent modifier l'affectibilité.

plus de rien distinguer. On ne doit pas non plus confondre avec la folie le défaut de suite et la mobilité des idées produites nécessairement par tout affaiblissement de l'organe cérébral. L'enfance offre quelque chose d'analogue; on sait qu'elle n'aperçoit pas les résultats éloignés et que sa mémoire est fugitive : quelquefois il en est de même dans la vieillesse.

Tous les nerfs nous donnent des sensations; mais ceux des organes des sens sont en relations avec les objets extérieurs, et ceux des plexus avec les émotions de l'âme. Plusieurs médecins se sont mépris sur le siége des premiers désordres dans les aliénations mentales, faute d'avoir fait cette distinction. En effet, la folie est une maladie du corps qui pervertit ses relations avec l'âme; mais elle commence par le travail des pensées quand son origine est à la tête, et par celui des sentimens lorsquelle est primitivement due aux affections des plexus.

Quelques personnes confondent à tort la morosité, l'hypocondrie et toutes les affections mélancoliques, avec la folie. Ces maladies sont toujours le résultat de perturbations dans les plexus. On se rappelle que le nerf grand sympathique et ses dépendances répètent les émotions de l'âme et les reproduisent (*). Sans doute les contractions des plexus, les obstructions qui embarrassent leur jeu, et généralement tout ce qui affecte ces appareils nerveux, porte le trouble dans notre être moral; mais elles n'égarent pas nos jugemens sur

---

(*) Il existe chez les femmes un rapport intime entre le grand sympathique (et généralement les nerfs de la vie individuelle) et la matrice : voilà pourquoi les maladies de cet organe ont tant d'influence sur leur moral et leurs affections.

l'existence des choses. Les personnes
atteintes de mélancolie reconnaissent
quelquefois que les vapeurs sombres
qui les assiégent n'ont d'autre cause
que la maladie; elles ne s'y abandonnent pas moins, car il est presque impossible d'échapper aux sensations de
tristesse que la vie qui nous unit au
corps nous renvoie sans cesse malgré
nous. On emploie d'abord toute sorte
de moyens, mais, quand aucun n'a réussi, on n'y voit d'autre remède que de
briser le lien, et le suicide, en séparant
l'âme du corps, termine une association
devenue insupportable (*). Tel est souvent le résultat du spleen.

De toutes les maladies qui affligent

(*) L'application des ventouses sèches ou scarifiées
sur la région cardiaque et le long de la colonne dor-
sale, une nourriture légère et de facile digestion, tenir
le ventre libre, ordonner l'exercice modéré, et défendre la solitude et la vie sédentaire; voilà les remèdes

l'humanité, la folie me semble la plus déplorable : elle est une des tristes conséquences que peut entraîner l'incarnation de l'être spirituel, et tient à la nature des organes que, dans le travail des pensées, l'intelligence est forcée d'employer. Les explications que j'ai précédemment données des communications que la vie établit entre l'âme et le corps, devaient faire prévoir qu'elles pouvaient s'altérer et produire en certains cas les aliénations mentales.

généraux qu'on peut employer utilement. Les mêmes rapports qui lient les sentimens et les pensées se retrouvent entre les plexus et le cerveau : aussi les moyens que je viens d'indiquer ne sont pas sans efficacité dans la folie. On attribue souvent celle-ci à une inflammation des membranes du cerveau, tandis que, la plupart du temps, cette inflammation est la conséquence et non la cause de la maladie. L'autopsie a, dans ces derniers temps, produit beaucoup d'erreurs de ce genre.

CHAPITRE XV.

CONSIDÉRATIONS GÉNÉRALES SUR LE MAGNÉTISME VITAL.

LE fluide magnétique vital est chez l'homme cette dernière modification de la lumière que j'ai nommée la vie spiritualisée : elle sert d'agent à l'âme pour l'exécution de tous ses actes. L'impulsion que nous lui donnons dans nos mouvemens s'arrête aux limites de l'organisation, tandis qu'en magnétisant la volonté la projette au dehors. Voilà, quant à l'emploi de la vie, la première différence qui existe entre magnétiser et agir.

L'émission magnétique affaiblit rapidement quand elle est excessive, mais, dans l'usage ordinaire, le jeu de l'organisation répare les pertes et renouvelle

les moyens : il en est de même à l'égard
des forces que nous dépensons dans un
exercice quelconque (*). Le soleil est la
source de la vie des êtres; mais chacun,
en s'emparant de ses rayons, les travaille suivant sa nature : s'ils s'accumu-
lent dans le cerveau sans être convena-
blement élaborés, ils nous causent une
sorte d'ivresse assez semblable à celle
produite par les vapeurs alcooliques (**).

L'ivresse ordinaire est de même le

(†) Les magnétiseurs ont été long-temps dans l'erreur à cet égard : ils supposaient que le fluide était
universellement répandu, et que leur volonté, après
s'en être emparée, le dirigeait à leur gré : cette singu-
lière opinion, qui tenait aux systèmes scientifiques,
les a long-temps empêchés de reconnaître la voix de
la nature, qui leur disait que c'était tout simplement
leur vie dont ils disposaient d'une manière inaccou-
tumée.

(**) Le jeu organique absorbe une partie des rayons
solaires qui nous pénètrent, les organes digestifs s'emparent de ceux que contiennent les alimens, et la respiration en puise une grande quantité dans les rayons
alcooliques qu'elle décompose.

résultat de la grande quantité de rayons solaires que l'organisation sépare du vin avant de les avoir bien assimilés à la nature humaine : il en résulte du trouble dans la circulation nerveuse; l'âme reçoit alors ses sensations par un intermédiaire, altéré quant à sa qualité, mais augmenté dans sa quantité; en sorte que la justesse du jugement, chez les buveurs, se trouve remplacée par une sensation vague de puissance qui les charme (*). Quelquefois le magnétisme animal fait éprouver d'abord une grande partie des symptômes de l'ivresse. En effet, quand la vie étran-

(*) L'ivresse présente des traits d'esprit et des aperçus lumineux qui lui doivent leur existence : les personnes qui abusent des liqueurs fortes offrent quelques exemples de combustions spontanées, causées par le dégagement subit des rayons solaires trop nombreux qu'elles ont mal assimilés à leur vie, et que toutes les parties de leur corps contiennent en trop grande quantité.

gère qui vient envahir la circulation
nerveuse d'un somnambule n'est pas
encore bien assimilée à la nature de
son être, il en éprouve des tournoie-
mens de tête, le siége où il est assis
semble se dérober sous lui, il se croit
prêt à tomber. Toute vie est un composé dont la lumière fournit la base, et
cette origine explique pourquoi les somnambules lucides voient le magnétisme
vital sous l'apparence lumineuse.

Magnétiser est un acte de volonté;
mais on se tromperait en supposant
qu'il suffit de vouloir sans agir. L'action magnétique se fait intérieurement
comme tous les travaux de l'intelligence. Il faut que le mouvement imprimé
à la vie par la volonté, continue tant
qu'on magnétise; autrement l'émission
s'arrête. C'est ce qui arrive quand une
distraction égare la pensée sur d'autres
objets que celui dont on doit s'occuper.

Pour magnétiser utilement, il suffit que le désir de soulager un être souffrant vous porte à chercher à le réchauffer en le pénétrant de votre chaleur vitale. Telle est l'indication de la nature ; toutes les mères la sentent à l'égard de leurs enfans, et la suivent d'autant mieux qu'elles ont moins appris à se confier en des secours étrangers.

Les mains sont les conducteurs ordinaires de l'émission magnétique; mais le système nerveux, en général, pourrait servir à cet usage ; la tête, la poitrine et le souffle surtout, y sont très-propres (*).

(*) Quand on a la vue bonne, le regard peut servir à magnétiser énergiquement. J'ai endormi ainsi un jeune homme qui m'avait prié d'essayer sur lui ma puissance magnétique. Je lui pris les mains, en l'engageant à me regarder fixement : je m'aperçus que je l'éblouissais et que ses yeux cherchaient à éviter les miens ; peu d'instans après ils se fermèrent, et le

La sensibilité et l'intelligence concourent à l'émission magnétique, mais
elles ne participent pas toujours à la
formation de la volonté du magnétiseur dans la même proportion, ni
avec la même énergie. Si la pensée
domine, ordinairement l'action est
moins dévouée et n'a jamais la puissance que peut lui donner le senti-

---

sommeil survint. Je pense que c'est en magnétisant
avec le regard que certains pâtres prétendent char-
mer des chiens farouches : ils font d'abord beaucoup de contorsions pour attirer l'attention de l'animal : le chien, étonné, regarde son adversaire; celui-
ci fixe ses yeux sur les siens et ne les quitte plus :
bientôt le chien hésite, recule, s'effraie, et finit, en
regardant toujours l'homme qui le poursuit, par s'aller cacher dans quelque recoin. Le regard du serpent
agit aussi sur sa proie, et je suis persuadé qu'il magnétise avec le regard l'animal qu'il veut dévorer. Les
convulsions de celui-ci, ses efforts pour échapper,
l'effroi qui le saisit, constatent qu'une puissance ennemie s'est rendue maîtresse de ses mouvemens; et l'on a
vu que le fluide magnétique (la vie spiritualisée) est
l'agent que la volonté emploie pour mouvoir le corps.

ment : celui-ci, au lieu d'économiser la vie, la verse à flots ; il peut l'épuiser en peu d'instans si l'organisation continue à le servir. La défaillance la plus complète en est alors la conséquence. La bonne volonté de tête n'expose pas à de pareils accidens ; elle agit moins, mais elle fatigue peu. (*)

Une volonté éphémère, quelqu'énergique qu'elle soit, a rarement des ré-

(*) Tout élan d'amour contient une offrande de la vie de la part de celui qui s'y livre ; notre faculté d'en disposer s'accroît avec l'énergie de nos sentimens, et j'ai dit ailleurs qu'en pressant les objets de nos affections sur notre cœur nous les approchions réellement plus près de l'action de l'âme. Les femmes, en général, magnétisent fortement avec la poitrine. L'émission magnétique pourrait aller jusqu'à la mort de celui qui s'y livre dans un sentiment profond et absolu, si l'affaiblissement des organes ou leurs mauvaises dispositions n'y mettaient pas un terme. Ceux qui savent ce que c'est qu'aimer sentiront avec quelle puissance on doit employer la vie, quand le sentiment qui en dispose peut sauver l'objet de notre amour ou nous faire partager son sort.

14.

sultats satisfaisans; car l'effervescence
produite par une imagination qui s'en-
flamme, est un feu de paille qui brûle et
n'échauffe pas. Il faut ordinairement,
pour réussir, que la volonté du magnétiseur ait beaucoup de constance et
qu'elle dispose avec sagesse de l'emploi
de ses moyens.

Les sentimens religieux sont d'un
grand secours en magnétisant : ils portent les espérances de l'homme au-delà
de ce monde, en remplissant son cœur
d'une douce charité envers ses semblables. Quelquefois un magnétiseur,
plein d'une humilité pieuse, attribue
alors ses succès à l'intervention de la
puissance divine, et se persuade que,
dans ses propres œuvres, il n'est plus
qu'un modeste instrument dont la Providence dispose : tout lui semble miracle. Une âme tendre, en s'abandonnant
aux charmes du sentiment, trouve une

ineffable douceur à s'oublier ainsi elle-
même. Cette erreur augmente la puissance de celui qui s'y livre, et par là séduit encore sa raison ; mais elle l'égare
en des illusions mystiques toujours
dangereuses (*).

Magnétiser, c'est user d'une faculté
toute naturelle à l'homme : sans doute
nous la tenons du Créateur comme
toutes les autres ; mais s'il faut, pour
faire des miracles , une puissance spéciale donnée par la Providence, à coup
sûr le magnétisme n'en produit pas.

Les sentimens de l'âme donnent à
l'action magnétique son plus haut degré de puissance ; ils mettent une grande
quantité de vie à la disposition de sa volonté, et, dans cette opération, la réac-

(*) Je ne doute pas que les extases du quiétisme ne
soient des résultats de somnambulisme lucide, et,
pour s'en convaincre, il suffit d'en comparer les phénomènes.

tion des plexus sur le cerveau, dont j'ai précédemment parlé, exerce beaucoup d'influence.

Une foule de circonstances peuvent en magnétisant déranger les résultats attendus, en sorte que les expériences proposées manquent leur but assez souvent. Les plus intéressantes, d'ailleurs, naissent sans qu'on les ait cherchées, et ne sont pas toujours celles dont on parle le plus. Les magnétiseurs, s'ils savent observer, ne manqueront jamais d'occasions pour s'instruire, et les spectateurs curieux sont rarement convaincus par des phénomènes qui contrarient leurs opinions; en sorte qu'il me paraît sage de ne pas se prêter à des tours de force qui fatiguent toujours les somnambules.

Une dernière remarque que plusieurs personnes ont faites, c'est que la mémoire et généralement l'usage des facultés intellectuelles, souffrent d'un magnétisme persévérant et excessif; il faut du temps ensuite pour recouvrer ce qu'on a perdu. Quant aux résultats curatifs, je les crois incontestables, toutes les fois que les magnétiseurs peuvent disposer de leur temps et possèdent du dévoûment, de la santé et de la sagesse. C'est un remède dont l'excellence dépend essentiellement des qualités de ceux qui le fournissent, et que, par conséquent, on ne doit pas prendre indifféremment à toute enseigne. La suite de cet ouvrage en montrera les avantages et les dangers.

CHAPITRE XVI.

DU MAGNÉTISME VITAL APPLIQUÉ A L'ESPÈCE HUMAINE,
DE L'ÉTAT MAGNÉTIQUE IMPROPREMENT APPELÉ SOM-
NAMBULISME LUCIDE, ET DE LA PERTE DES SOUVE-
NIRS EN RETOURNANT DE L'ÉTAT MAGNÉTIQUE A LA
VIE ORDINAIRE.

LES savans essayèrent dans les siècles
passés d'expliquer l'univers et de fixer
les limites des connaissances d'après l'é-
tendue des lumières de leur temps; les
prétentions de notre génération sont
plus modestes : elle s'arrête à l'examen des effets, et déclare qu'en refusant
de chercher les causes, elle a tiré l'intelligence humaine de l'ornière des préjugés. Nos savans semblent avoir attaché
leur gloire à cette espèce de découverte,
en sorte qu'il est à peu près impossible
de les déterminer à discuter un système

où l'on remonte aux premiers principes. Toute découverte à cet égard est accueillie avec un dédain décourageant, et l'on dirait que, sur ce terrain, la raison doit, à tout prix, défendre l'ignorance actuelle et fermer les voies pour l'avenir. La superstition du vieux temps était un obstacle aux progrès des lumières; en le franchissant on est peut-être allé trop loin, et, maintenant, dès qu'un phénomène dépasse les limites de nos connaissances, on ne l'examine plus, on le rejette; il semble qu'il s'agisse moins de chercher la vérité que de terrasser un ennemi. Voilà pourquoi, depuis quarante années, tant de gens instruits repoussent le magnétisme animal sans le connaître, et traitent ceux qui s'en occupent de dupes d'un enthousiasme en délire ou d'une sotte crédulité. Cependant, les phénomènes sont devenus si communs qu'il n'est guère possible de nier leur existence, et les savans (qui ne sauraient les expliquer) sont réduits à les passer sous silence (*). Dans l'origine, on se servait du ridicule pour réprimer la curiosité publique : aujourd'hui qu'elle est éteinte par les expériences qu'on a prodiguées, la tâche est devenue facile; on ne discute plus, on se tait. Cependant les phénomènes, en se multipliant, n'ont rien perdu de leur intérêt, et je vais essayer d'en faire connaître la cause.

L'explication du magnétisme vital (assez mal à propos nommé magnétisme animal) se simplifierait bientôt si l'on demeurait d'accord que l'âme seule est sensible et que sa sensibilité est unie par la vie à l'affectibité des orga-

(*) L'Académie de médecine avait nommé une commission pour l'examen du magnétisme animal : celle-ci a constaté un grand nombre de phénomènes; mais depuis quatre ans on attend son rapport.

nes. Cette vérité est pourtant une conséquence forcée pour tous ceux qui reconnaissent dans l'homme l'existence
d'un être spirituel; mais plusieurs savans semblent avoir adopté une opinion contraire : ils pensent échapper à
la superstition en écartant des études
tout ce qui n'est pas matériel, et portent
ce préjugé dans l'examen des phénomènes. (*) Il faut reconnaître aussi qu'en

(*) Le docteur Georget, dans un ouvrage imprimé
en 1821 sous le titre de *Physiologie du système nerveux*, avait hautement professé le matérialisme; mais
les phénomènes du somnambulisme lucide le firent
depuis changer d'opinion, et, dans son testament en
date du 1er mars 1826, il pria instamment de donner à sa rétractation toute la publicité possible.

La marche des études, qui tend à tout matérialiser,
l'avait égaré; les phénomènes du magnétisme animal
le ramenèrent à la vérité, et c'est un bienfait qui com-
pense peut-être les abus que les détracteurs de cette
découverte lui reprochent : le docteur Georget s'occupait d'un travail à ce sujet, quand, en 1828, la
mort l'enleva aux sciences qu'il avait illustrées.

rejetant des voies de la science la recherche des causes, on a mis les physiologistes dans la nécessité de tirer leurs explications de la manifestation des effets, et qu'ainsi ils ont été forcés de présenter l'excitation des appareils nerveux comme l'expression de la sensibilité et les mouvemens du cerveau comme celle de l'intelligence. « Les phénomènes du » somnambulisme magnétique (dit un » des plus célèbres médecins de la capi- » tale) consistent principalement dans » une modification du système nerveux, » telle que les organes des sens cessent » en grande partie leur action, tandis » que les autres nerfs et souvent ceux » de la vie individuelle, revêtent les fa- » cultés sensoriales, etc. Le grand sym- » pathique (ajoute-t-il) et ses dépen- » dances acquièrent la faculté de per- » cevoir (*).

(*) *Voyez* le DICTIONNAIRE DE MÉDECINE, 13ᵉ VO-

Cette explication ne semble pas satisfaisante : elle n'est pas complète, et manque de clarté ; car on n'y apprend pas
comment, parmi les nerfs indiqués, les
uns se modifient de manière à revêtir
la faculté de sentir, et les autres à
acquérir la faculté de penser. Il est
évident que c'est en s'arrêtant à la matérialité des effets, que l'illustre professeur (dont la bonne foi mérite tant
d'éloges) a été conduit à faire de si
malheureux efforts pour arriver, dans
ses explications, à supposer aux nerfs
les facultés de l'âme. J'admire son beau
talent ; mais cependant je crois qu'il me
sera facile de démontrer que la circulation nerveuse est la même par tout le
corps, que la sensibilité et l'intelligence
ne peuvent jamais appartenir à l'organisation, et qu'enfin, supposât-on aux

lume, au mot *Magnétisme animal*, par le docteur
Rostan.

nerfs de telles propriétés, il faudrait encore, pour voir et pour entendre, des organes destinés à cet usage.

Un appareil est nécessaire pour réunir les rayons lumineux comme pour rassembler les sons, et les fonctions particulières aux yeux et aux oreilles résultent uniquement de la spécialité de leur construction : dès que l'œil est détruit le nerf optique ne manifeste plus aucune faculté particulière ; et cependant un aveugle peut voir encore dans ses songes ; car recevoir la sensation de la vue, c'est voir, de quelque manière que le cerveau ait été impressionné.

Je l'ai dit ailleurs, la vie unit intimement la sensibilité de l'âme à l'affectibilité du corps ; mais elle ne les confond pas, et l'on doit toujours soigneusement distinguer les sensations de l'une des impressions de l'autre.

Les changemens partiels d'affectibilité sont très-communs; ils se manifestent dans une foule de cas pathologiques. En effet, les douleurs extraordinaires que fait éprouver un membre malade, sont les symptômes du changement d'affectibilité survenu dans cette partie : ni la sensibilité de l'âme, ni l'affectibilité générale, n'ont subi d'altération; mais l'affectibilité partielle est devenue susceptible d'un grand nombre d'impressions morbides inconnues dans l'état normal. Un coup reçu n'altère en rien le fluide nerveux qui continue à circuler comme avant; mais l'appareil affectible en est lésé, et par conséquent il communique à l'âme des sensations plus ou moins pénibles : il en est de même de toutes les souffrances.

Dans plusieurs maladies un grand nombre d'impressions inoffensives deviennent douloureuses parce que l'affectibilité s'exaspère; mais sa nature ne change pas : tandis que dans l'état magnétique (dont je vais examiner la formation) les appareils organiques restent intacts, et c'est la nature même de l'affectibilité qui change. Je n'en voudrais pour preuve que la déclaration du docteur Rostan sur les rapports inconnus qui se manifestent dans toutes les sensations des somnambules. En effet, tout changement universel dans la nature des sensations est la preuve d'un changement antérieur dans le mode d'affectibilité, si (comme je l'ai précédemment établi) les sensations ne sont qu'une traduction que la vie fait à notre âme des impressions que le corps a reçues (*).

Ce phénomène a été très-bien ob-

_____

(*) L'affectibilité du corps est, sur la terre, la seule voie pour arriver de l'organisation à la sensibilité de l'âme.

servé par l'illustre professeur. « Dans le
» somnambulisme magnétique, dit-il,
» toutes les sensations participent d'un
» autre mode d'existence. » Je vais
examiner comment se forme cet autre
mode d'existence, ou plutôt comment
s'opère le changement d'affectibilité qui
le produit. Je m'efforcerai de m'expliquer clairement, et s'il reste quelque
obscurité, elle sera due à ce que nous
ne sommes pas assez familiarisés avec
les différentes destinations que la vie
remplit ici-bas.

Le fluide nerveux et la vie spiritualisée sont deux modifications vitales qui
servent, dans l'homme, aux communications entre l'organisation et l'être
spirituel : le premier est l'objet d'une
circulation, il appartient au corps dont
il forme l'affectibilité; la seconde obéit
à l'âme; c'est l'agent qui lui sert à exécuter ses actes. On conçoit que si la vie

spiritualisée envahissait la circulation nerveuse, elle modifierait notre existence, en changeant, d'une part, la nature de l'affectibilité du corps et par conséquent celle de nos sensations, et de l'autre, en introduisant l'action de la volonté dans le système nerveux (*).

Si un pareil envahissement avait lieu, la volonté pourrait, au moyen de la vie spiritualisée, agir sur la circulation nerveuse, la suspendre et paralyser ainsi un membre désigné, dénaturer les sensations en dénaturant les impressions qui les communiquent, et

_____

(*) L'état magnétique est un mode particulier d'existence produit par l'introduction de la vie spiritualisée dans la circulation nerveuse; il en résulte la formation d'une affectibilité extraordinaire, et par conséquent une impressionnabilité et des sensations jusqu'alors inconnues : cet état, très-improprement appelé somnambulisme, comporte la veille et le sommeil, et se manifeste par une foule de phénomènes intéressans.

exécuter dans l'affectibilité du cerveau des images de fantaisie.

Tels seraient les résultats de l'invasion de l'agent de la volonté dans le système des sensations; nous allons bientôt les voir se réaliser tous en examinant les phénomènes du somnambulisme lucide.

On sait que nous devons aux impressions des organes la connaissance du monde matériel; le fluide nerveux qui nous les apporte fournit l'élément de la vie spiritualisée et conserve beaucoup d'analogie avec elle. Quand un homme en magnétise un autre, il peut arriver que la modification vitale employée à cet usage pénètre la circulation nerveuse du magnétisé et y soit entraînée en assez grande quantité pour changer son mode d'affectibilité. Ce n'est plus alors le fluide nerveux qui le forme, mais la vie spiritualisée des

15.

magnétiseurs; c'est-à-dire un fluide vital assimilé à l'action de l'âme et par conséquent plus rapproché de la nature spirituelle.

Ce changement fait éclore une affectibilité d'une autre nature, et c'est ce qu'on appelle l'état lucide. Il produit une foule de rapports nouveaux et de perceptions nouvelles. Ce singulier mode d'existence a différens dégrés : il varie suivant les personnes et les circonstances; mais il reste soumis, jusqu'à un certain point, à la volonté de celui qui le cause. De là naissent, pour les somnambules, des sensations extraordinaires, et pour le magnétiseur, la puissance d'en altérer la nature et de commettre tous les désordres que j'ai déjà signalés. Un des plus imprudens, sans doute, est de paralyser à volonté un membre désigné; parce qu'il n'est pas toujours certain qu'on puisse ensuite y rétablir le mouvement. Rendons grâce au docteur Rostan des lumières et des conseils qu'il donne à ce sujet; car son amour pour la vérité, en constatant tous ces phénomènes, en a signalé les inconvéniens. On conçoit que lorsqu'une volonté étrangère vient envahir par son agent le système de nos sensations, elle doit pouvoir les modifier et en altérer la nature. Aussi, quoique les merveilles de l'état lucide ne se manifestent pas également sur tous les sujets, les magnétiseurs peuvent-ils, assez souvent, produire le mutisme, paralyser un membre, donner à l'eau la saveur d'une liqueur forte, ou même, en s'occupant énergiquement de certains objets, les faire voir à leurs somnambules.

Tous ces phénomènes et une foule d'autres ont été constatés par un si grand nombre d'expériences, qu'on ne songe plus guère à les nier.

Une preuve convaincante que l'état lucide est produit par un changement d'affectibilité, c'est la perte de la mémoire que les somnambules éprouvent en retournant à la vie ordinaire; car si leur intelligence ne peut pas alors rappeler les sensations passées, c'est évidemment parce qu'elle ne trouve plus dans le cerveau le même mode d'affectibilité : aussi, dès que le somnambulisme reparaît, le fil des temps n'est plus interrompu, et le travail des souvenirs recommence. J'ai vu des personnes sortir de l'état lucide pleines d'émotions qu'elles cherchaient vainement à rattacher à leur cause, se fatiguer inutilement pour rappeler des faits encore présens, en quelque sorte, par l'agitation qu'ils avaient laissée après eux.

Le cerveau n'est qu'un instrument; mais en ce monde il est pour l'âme un instrument obligé dont elle tire plus ou moins de parti, selon qu'il se perfectionne ou se détériore. Il est certain que les somnambules sortis de l'état lucide perdent la mémoire de ce qu'ils y ont éprouvé, et la recouvrent en y rentrant. Quel intéressant phénomène que celui qui montre ainsi l'âme en dehors du travail des pensées, agissant inutilement sur une affectibilité devenue inhabile à retracer certains souvenirs, et reprenant le fil des temps dès que l'état du cerveau le lui permet. La mémoire de l'âme s'étend bien au-delà des bornes que nous croyons pouvoir lui assigner, et les souvenirs se conservent long-temps après qu'on les juge effacés. L'usage des facultés spirituelles est limité sur la terre par la nature des organes que l'intelligence emploie. La mémoire ne s'attache qu'aux choses remarquables; les circonstances indifférentes passent inaperçues: mais, quand le mode d'affectibilité change, la dernière sensation dans la possibilité des souvenirs semble la plus récente, et souvent on la juge présente; car le temps ne se compte que par la succession des sensations qu'il apporte. Les somnambules lucides, en retournant à la vie commune, ne conservent aucune idée des jours qu'ils ont passés en état magnétique.

Mes deux premières somnambules étaient sœurs; j'exécutais leurs prescriptions et je cédais aussi quelquefois à leurs caprices. Nous étions au mois de janvier, la neige couvrait la terre, et, chaque matin, je magnétisais régulièrement pendant une heure. Un jour que mes somnambules souffraient plus que de coutume(*), elles me prièrent de les laisser dans l'état magnétique. Le len-

---

(*) Les somnambules en état magnétique ont plus de force pour supporter la douleur et plus de ressources pour y remédier.

demain, quand je revins, elles y étaient encore, car elles avaient dormi et s'étaient réveillées sans retourner à la vie ordinaire. Je remarquai seulement que les paupières s'appesantissaient et que la vue commençait à se troubler; je renouvelai le magnétisme, et, à leur prière, je les laissai en somnambulisme comme la veille. Cet ordre de choses se prolongea des jours, des semaines et des mois. Cependant, les accidens qui l'avaient motivé s'étaient successivement dissipés, et la santé offrait même des améliorations très-satisfaisantes. Nous étions arrivés au temps des fleurs, le printemps brillait de tout son éclat; et, dans une belle journée d'avril, je conduisis mes somnambules et leur mère dans le parc de Mousseau. La promenade n'en était pas publique, mais j'avais obtenu une carte d'entrée. Il me vint à la pensée d'éveiller mes somnambules au bord de l'eau, sous des touffes de lilas et de cytises qui dominaient les restes d'un édifice en ruine. Je dus à cette fantaisie une des plus agréables matinées de ma vie. Qu'on se figure la surprise ou plutôt l'enchantement de deux jeunes personnes qui s'étaient endormies entourées de neige, et que j'éveillais au milieu des fleurs : transportées comme par miracle dans un lieu charmant où le printemps exhalait l'espérance et le plaisir, elles se hâtaient d'en jouir et respiraient avec délice l'air doux et parfumé qui circulait autour d'elles. La plus jeune, dans sa joie, foulait l'herbe naissante en sautant dans la prairie, et courait d'un buisson à l'autre pour en rapporter quelque nouveau butin. C'était une véritable ivresse que le cours de la vie ordinaire ne peut jamais offrir.

Je pourrais citer un grand nombre de faits semblables, car les exemples

n'en sont pas rares. Le comte de B**
m'a conté qu'en 1793, forcé par le malheur des temps à chercher un asile hors
de France, il s'était décidé à s'embar-
quer à Lorient; mais sa femme, qui
l'accompagnait, éprouvait une répu-
gnance insurmontable à se confier à la
mer; heureusement elle était somnambule, et le magnétisme calmait ses
frayeurs. Son mari prit le parti de lui
faire traverser l'Océan en état lucide, et
ne la rappela à la vie ordinaire que sur
le continent américain. Lorsqu'il l'éveilla
elle se croyait toujours en Bretagne au
moment du départ, et n'avait conservé
aucune idée ni de la traversée ni du
temps écoulé.

Si, en sortant du somnambulisme, le
changement d'affectibilité jette un voile
sur le temps écoulé, en interrompant le
travail des souvenirs, il n'en est pas de
même en y entrant; car, au contraire,

la mémoire se développe à mesure que la vie spiritualisée, en envahissant la circulation nerveuse, étend l'empire de l'âme sur l'organisation. Je pourrais citer l'exemple d'un homme qui récitait en somnambulisme lucide plusieurs centaines de vers appris au collége et qu'il avait oubliés depuis long-temps. Au surplus, le développement prodigieux que prend la mémoire en passant à l'état magnétique, est un fait constaté par tous les observateurs. Ce phénomène est dû à ce qu'alors l'affectibilité acquiert une admirable susceptibilité qui disparaît avec le somnambulisme.

La perte des souvenirs, en rentrant à la vie commune, est un phénomène très-curieux ; il devrait marcher le premier dans l'ordre des études, car l'imagination n'y peut pas avoir de part, et il devient la preuve et la conséquence d'un changement d'affectibilité. Son uniformité chez tous les somnambules a quelque chose d'extrêmement remarquable (*) : mais il semble que certains magnétiseurs se sont plus à substituer la merveille de la puissance de leur volonté à la place de celles qui s'offraient naturellement; on dirait que les phénomènes magnétiques leur paraissent trop simples, et que, pour les rendre plus intéressans, ils croient devoir s'efforcer de les dénaturer. En général, on agit trop sur les somnambules, et, pour bien observer la nature, il conviendrait peut-être de les abandonner davantage à eux-mêmes. On considère la lucidité surtout comme une preuve de l'empire de la volonté, et, sous ce rapport, chacun attache une sorte de gloire à mani-

(*) Les souvenirs restent en partie quand la volonté des magnétiseurs les trace dans le cerveau des somnambules en les éveillant, ou lorsque le retour à la vie commune n'est qu'imparfait.

fester une grande puissance : c'est à qui renchérira sur les merveilles produites, et à force de dire, Je veux, je veux, on finit par altérer tous les phénomènes. C'est ainsi qu'on parvient à bouleverser les sensations des somnambules, par exemple, en changeant pour eux les saveurs acides en saveurs sucrées, l'eau en vin ou même en eau-de-vie, etc. Tout cela est curieux, sans doute ; mais la gloire d'opérer de pareils prodiges ne met pas toujours sur la voie d'une instruction solide. Il me semble qu'il serait plus convenable de bien observer d'abord les phénomènes généraux, dont la production (comme la perte des souvenirs) tient au somnambulisme même, et ne dépend ni du pouvoir de l'imagination, ni de l'empire de la volonté des magnétiseurs.

On a cru que dans l'état lucide le siége des sensations se déplaçait, et que

les somnambules voyaient et enten-
daient par les plexus solaire et cardiaque; c'est une erreur facile à reconnaître : en effet, la translation de la sensibilité ne saurait avoir un tel résultat;
car elle ne créerait pas des organes, et
il en faut pour voir et entendre. L'expérience nous apprend, au surplus,
qu'il est facile de se méprendre et de
confondre l'écho avec le lieu où le son
se produit : les plexus répètent les
mouvemens de l'âme, chaque émotion
agite la vie spiritualisée, et retentit aux
attaches de réaction qu'elle a dans la
poitrine; voilà la cause de l'erreur] des
somnambules qui y rapportent toutes
leurs sensations (*).

Dans l'état lucide, on voit par les
yeux et l'on entend par les oreilles; on
peut s'en assurer en engageant les som-

(*) *Voyez* ce que j'ai précédemment dit des fonctions des plexus solaire et cardiaque, pag. 150 et suiv.

nambules à s'examiner intérieurement :
entr'ouvrez alors leurs paupières, et
vous reconnaîtrez que le globe de leur
œil s'est renversé de manière à recevoir
plus facilement la lumière que la vie spiritualisée rapporte du dedans. Cette expérience a été faite plusieurs fois, et il est
facile d'en tirer la conséquence, toute
simple, que les yeux des somnambules
leur servent à voir les objets, puisqu'en
regardant ils en prennent la direction.

La vie est un composé de la lumière, et, si l'on en demeurait d'accord,
les merveilles du somnambulisme lucide s'expliqueraient facilement. Il semble
pourtant que ces idées ne devraient plus
trouver tant d'obstacles depuis que
l'existence du fluide nerveux est constatée, et que l'expérience a démontré
qu'après la mort le fluide galvanique
obtient les mêmes contractions que la
volonté faisait exécuter pendant la vie.

Le fluide magnétique vital est la dernière des trois modifications de la vie humaine. Il est lumineux, et l'âme s'en sert pour éclairer les objets qu'elle veut voir : c'est une lumière dont elle dispose. Cette proposition n'a, je crois, rien de contraire ni à la raison, ni à la nature des choses. Cependant, au lieu de la discuter, bien des gens plaisanteront encore; comme s'il suffisait de montrer de l'esprit pour avoir raison. J'ai souvent remarqué qu'à force de faire du merveilleux d'un côté et du ridicule de l'autre, on finit par tomber soit dans une foi enthousiaste qui ne raisonne pas, soit dans une incrédulité opiniâtre qui refuse d'examiner. Cependant, c'est une notion toute instinctive que celle qui nous indique le soleil comme la source de la vie; et, si la science n'eût pas renversé l'ordre naturel en s'avançant dans ses études des composés aux simples,

16

personne ne douterait aujourd'hui que les émanations de l'astre du jour n'animent la nature. C'est là réellement que se trouve le siége de la difficulté; car, dès qu'il sera constant que les rayons solaires forment la vie, on ne sera plus surpris que la volonté qui l'emploie dans l'exécution de ses actes, puisse s'en servir aussi pour éclairer les objets, quand l'affectibilité organique est devenue susceptible d'en être impressionnée : c'est là tout le secret du somnambulisme lucide. J'examinerai bientôt quelles sont les conséquences d'une manière de voir si intimement liée à l'action spirituelle; mais je dois m'occuper avant de l'isolement magnétique, qui peut se manifester inopinément sans que la volonté des magnétiseurs et l'imagination des somnambules y aient aucune part.

CHAPITRE XVII.

Du sommeil qui précède l'état lucide, de l'isolement magnétique, de la catalepsie, et du somnambulisme lucide spontané.

Nous venons de voir que l'état magnétique était le résultat d'un changement d'affectibilité produit par l'invasion de la vie spiritualisée dans la circulation nerveuse. Le passage d'un mode d'existence à l'autre, est nécessairement accompagné d'un instant d'interruption où les rapports de la sensibilité ont cessé avec l'affectibilité précédente et ne sont pas encore établis avec l'affectibilité qui va suivre. Les yeux se ferment alors comme dans le sommeil, et c'est ce qui a fait nommer l'état magnétique, somnambulisme lu-

cide; dénomination impropre, puisque
ce mode d'existence comprend la veille
et le sommeil, et que l'intelligence y
continue toutes ses perceptions (*). La
syncope suspend aussi les communications du corps avec l'âme, mais par des
accidens de nature à interrompre les
travaux de l'intelligence.

On conserve pour l'ordinaire, dans
l'état magnétique, la faculté de recevoir
les sensations de la vie commune; cependant il peut arriver (surtout dans

(*) Il y a interruption dans les sensations, quand le
mode d'affectibilité change, jusqu'à ce que les rapports
avec l'affectibilité nouvelle soient établis. Cette interruption sert de passage de l'un à l'autre mode d'existence; elle précède l'état magnétique et le retour à la
vie ordinaire : on l'appelle sommeil. Si l'effet magnétique se borne à suspendre momentanément les rapports de la sensibilité avec l'affectibilité, ce sommeil
se termine par un réveil qui ne laisse dans la mémoire
aucune trace du temps écoulé; car nous ne comptons
la marche du temps que par les sensations qu'il nous
rapporte, et il y a eu interruption à cet égard.

les premiers temps) que la sensibilité d'un somnambule soit absorbée dans ses relations nouvelles et devienne inaccessible à tout autre. Cet état d'isolement a de l'analogie avec le somnambulisme ordinaire, où l'âme s'occupe exclusivement des sensations créées par les songes. Si vous employez alors quelques moyens violens pour éveiller la personne endormie ou pour vous faire entendre du somnambule lucide, vous leur causez souvent des frayeurs dangereuses et des attaques de nerfs.

L'isolement n'est pas ordinairement d'une longue durée; mais il peut se reproduire dans le cours d'un traitement, et tant qu'il continue, le somnambule ne voit et n'entend que par la voie magnétique; tout ce qui viendrait le frapper d'autre part dérangerait ses nouvelles perceptions et lui causerait un trouble extrême. La première fois que j'observai ce phénomène, il se manifesta sur une jeune personne que j'avais magnétisée pendant une syncope si complète, que ses parens craignaient qu'elle n'eût cessé de vivre. Néanmoins, elle n'entra pas alors en somnambulisme, et l'état lucide ne se déclara que le lendemain. Ce jour-là, sa sœur fut très-étonnée de voir son aînée répondre les yeux fermés, parler sur sa maladie et se prescrire des remèdes. Elle voulut s'en faire entendre, mais ses tentatives furent inutiles; en vain s'approcha-t-elle plusieurs fois pour lui crier dans les oreilles, elle n'en obtint pas même un signe d'attention : impatientée, elle finit par la secouer violemment, ce qui fit jeter des cris d'effroi à ma somnambule. Il me fallut magnétiser toute la famille, en plaçant ma main entre les épaules de chaque personne qui voulait parler à la malade. Je remarquai que les sons de la voix lui parvenaient plus distinctement à mesure que le magnétisme faisait des progrès. Le médecin arriva sur ces entrefaites, et ma somnambule était tellement clairvoyante, qu'elle lut les yeux fermés, et au travers de la main du docteur, le titre du premier exemplaire d'un ouvrage qu'il apportait avec lui. Je l'avais mis en rapport avec sa malade, en sorte qu'il provoqua directement cette expérience que je n'avais pas prévue.

La vie spiritualisée des magnétiseurs ne produit pas seule le changement d'affectibilité qui constitue la lucidité, car, lorsqu'elle envahit depuis long-temps la circulation nerveuse d'un somnambule, la vie spiritualisée de celui-ci finit par prendre la même route et contribue ainsi à la production de l'état magnétique. C'est par cette raison que les personnes pour qui la lucidité est devenue habituelle, y retournent d'elles-mêmes dans toutes les circonstances propres à troubler leur système nerveux. Je mettais souvent en somnambulisme un malade que je soignais depuis près d'un an.; un jour, dans la rue du Bouloy, un malheureux couvreur se tua en tombant du toit d'une maison à vingt pas de lui : cet accident bouleversa mon somnambule; ses yeux se fermèrent à l'instant, il fut forcé de s'appuyer contre le mur; la lucidité se déclara, et je le retrouvai chez lui dans l'état magnétique le plus complet. J'ai de même soigné pendant long-temps une jeune personne qui, pour entrer en somnambulisme sans mon secours et souvent malgré moi, s'était prescrit à mon insu de tourner sur elle-même jusqu'à s'étourdir complètement; ce procédé lui réussissait, en sorte qu'elle était presque toujours en état lucide. On peut assurer que généralement les malades habitués au somnambulisme magnétique, y entrent d'eux-mêmes toutes les fois que, pendant le sommeil, il leur survient de fortes douleurs. J'ai souvent, par cette raison, retrouvé en état lucide des personnes que j'avais éveillées la veille en les quittant. Ceci explique le somnambulisme spontané dont on a quelques exemples, et la catalepsie, qui me semble être le même phénomène accompagné d'un isolement complet. Je ne connais cette maladie que par les livres ; mais je suppose qu'en magnétisant avec persévérance, on parviendrait à se faire entendre des cataleptiques, et qu'il serait facile ensuite, par la seule force de sa volonté, de leur rendre, en les magnétisant, l'usage de leurs membres. Il suffit de rapprocher les phénomènes de l'isolement magnétique de ceux de la catalepsie, pour être frappé de l'analogie qui existe entre eux. Un somnambule dans l'isolement ne voit et n'entend que son magnétiseur, il devient insensible à tout ce qui est étranger au magnétisme, et quelquefois ses membres gardent l'attitude qu'on leur fait prendre. On a souvent enfoncé des épingles dans les chairs des personnes mises en cet état, et tenté sur elles mille tortures, sans en obtenir le moindre signe de sensibilité. La catalepsie offre les mêmes phénomènes (*).

Ordinairement la modification vitale que l'âme emploie pour exécuter ses actes, agit sur les nerfs, et ceux-ci sur la contractilité musculaire; mais, lorsque

---

(*) Toutes les fois que, par une cause quelconque, la sensibilité s'isole de l'affectibilité, l'âme cesse de recevoir des sensations par l'intermédiaire du corps, qui lui devient étranger quoique la vie continue encore à l'y retenir. J'en citerai dans la suite quelques exemples.

la lucidité magnétique absorbe complètement les facultés spirituelles, il peut arriver que la voie des nouvelles sensations porte l'action de la volonté sur un mode d'affectibilité trop spiritualisé pour être en rapport avec les muscles. Dans cet état, la circulation nerveuse devient étrangère à l'âme, qui, n'en recevant aucune sensation, ne la suit plus pour faire agir le corps.

L'isolement peut se reproduire dans le cours d'un traitement magnétique, par toutes les causes qui donnent subitement une grande étendue à la lucidité.

CHAPITRE XVIII.

DE LA PUISSANCE DES MAGNÉTISEURS
SUR LES SOMNAMBULES LUCIDES.

LES rayons du soleil sont l'élément de la vie; elle devait, dans l'homme, s'assimiler alternativement aux deux natures qu'elle réunit; et nous avons vu que l'une de ses modifications est chargée de communiquer à la sensibilité de l'âme les impressions que le corps reçoit, tandis qu'une autre obéit à l'intelligence et agit sur l'organisation (*).

(*) La vie s'unit à la matière dans la formation des organes (ils lui doivent un mode spécial d'élasticité nommé excitabilité); le fluide nerveux qui lui est dû appartient au corps par la circulation organique qu'il en reçoit, et à l'âme par les sensations qu'il lui procure.

La vie spiritualisée dont la volonté dispose suit naturellement la voie des sensations, et se porte sur les appareils affectibles pour exécuter nos actes.

Cette marche est la même pour les somnambules lucides; aussi la création du mode extraordinaire d'existence qui leur procure tant de perceptions nouvelles, ne leur donne aucun moyen de troubler l'ordre de leurs sensations et d'en altérer la nature.

Il n'en est pas ainsi des magnétiseurs. Comme leur volonté se forme en dehors de l'organisation des somnambules, elle ne suit pas la voie des sensations de ceux-ci, et c'est par cette raison qu'elle peut les altérer, soit en arrêtant la circulation nerveuse qui les leur apporte, soit en agissant directement sur l'affectibilité de leur cerveau (*).

(*) *Voyez*, plus loin, la différence qui distingue le

Lorsque l'émission du magnétisme vital a changé le mode d'affectibilité d'un individu, l'auteur de ce phénomène acquiert du pouvoir sur la sensibilité de celui dont il vient d'envahir le système des sensations. Aussi, il peut, comme je l'ai déjà dit, arrêter la circulation nerveuse de son somnambule dans la partie du corps qu'il veut lui interdire, et par ce moyen la paralyser: Ce procédé indiscrètement employé a de graves inconvéniens, et produit momentanément sans utilité le mutisme et la surdité; mais il peut, dans les opérations chirurgicales, éviter des douleurs atroces. Paris en a offert, en 1829, un exemple bien remarquable.

Madame Plantin, âgée d'environ soixante-quatre ans, mère d'un négociant de la rue Saint-Denis, n° 151,

magnétisme naturel du magnétisme spirituel, tant dans le mode d'action que dans ses résultats.

avait consulté dans le mois de juin 1828 une somnambule que le docteur Chapelain lui avait procurée; celle-ci l'avait prévenue qu'une glande se formait sous son sein droit et menaçait de devenir cancéreuse. La malade passa l'été à la campagne, et suivit avec peu d'exactitude le régime qu'on lui avait prescrit. Elle revint à la fin de septembre voir le docteur Chapelain, et lui avoua que la glande était considérablement augmentée. Il commença à la magnétiser le 23 octobre suivant, et le sommeil se manifesta peu de jours après; mais le somnambulisme lucide chez elle ne fut jamais que très-imparfait. Les soins donnés ralentirent les progrès du mal sans le guérir. Enfin le sein s'ulcéra, et le docteur jugea qu'il n'y avait plus d'espoir de salut que dans l'opération. M. J. Cloquet, chirurgien d'un rare mérite, fut du même avis : il restait encore à décider la malade; le docteur Chapelain y parvint, grâce à l'influence magnétique qu'il exerçait sur elle. Il travailla de toute la puissance de sa volonté à produire l'insensibilité de la partie, et, quand il crut y avoir réussi, il pinça fortement avec ses ongles, sans causer de douleurs, le bout du sein dont on devait faire l'ablation. La malade ignorait le jour précis de l'opération. Ce fut le 12 avril 1829 : le docteur Chapelain la fit entrer dans l'état magnétique; il magnétisa fortement la partie sur laquelle on allait agir. Il avait aussi magnétisé l'opérateur et son aide, qui ne doutaient pas que madame Plantin s'éveillerait au premier coup de bistouri; mais leur étonnement fut extrême quand ils reconnurent sa profonde insensibilité. «Il semblait, m'a dit » le docteur Cloquet, que nous taillions » sur un cadavre. » Je vais transcrire le rapport qui fut fait à ce sujet à l'acadé-

mie royale de médecine, section de chirurgie (*).

« Le jour fixé pour l'opération,
» M. Cloquet, en arrivant à dix heures
» et demie, trouva la malade habillée et
» assisse dans un fauteuil, dans l'atti-
» tude d'une personne paisiblement li-
» vrée au sommeil naturel. Il y avait à
» peu près une heure qu'elle était re-
» venue de la messe, qu'elle entendait
» habituellement à la même heure; et
» M. Chapelain l'avait mise dans le som-
» meil magnétique depuis son retour.
» La malade parla avec beaucoup de
» calme de l'opération qu'elle allait su-
» bir. Tout étant disposé pour l'opérer,
» elle se déshabilla elle-même, et s'assit
» sur une chaise.

» M. le docteur Chapelain soutint le
» bras droit; le bras gauche fut laissé

(*) *Voyez* les Archives générales de Médecine,
tom. xx, mai 1829, pag. 131 et suivantes.

» pendant sur le côté du corps. M. Pail-
» loux, élève interne de l'hôpital Saint-
» Louis, fut chargé de présenter les
» instrumens et de faire les ligatures.

» Une première incision, partant du
» creux de l'aisselle, fut dirigée au-des-
» sus de la tumeur jusqu'à la face in-
» terne de la mamelle. La seconde,
» commencée au même point, cerna la
» tumeur par en bas, et fut conduite à
» la rencontre de la première; les gan-
» glions engorgés furent disséqués avec
» précaution, à raison de leur voisinage
» de l'artère axillaire, et la tumeur fut
» extirpée. La durée de l'opération a
» été de dix à douze minutes.

» Pendant tout ce temps, la malade
» a continué à s'entretenir tranquille-
» ment avec l'opérateur, et n'a pas
» donné le plus léger signe de sensibili-
» té : aucun mouvement dans les mem-
» bres ou dans les traits, aucun change-

» ment dans la respiration ni dans la
» voix, aucune émotion même dans le
» pouls, ne se sont manifestés; la ma-
» lade n'a pas cessé de présenter cet état
» d'abandon et d'impassibilité automa-
» tique qu'elle offrait à l'arrivée de
» M. Cloquet. On n'a pas été obligé de
» la contenir, mais seulement de la sou-
» tenir. Une ligature a été appliquée sur
» l'artère thoracique latérale, ouverte
» pendant l'extraction des ganglions;
» mais, chose digne d'observation, lors-
» que le chirurgien a lavé la peau aux
» environs de la plaie, avec une éponge
» imbibée d'eau, la malade manifesta
» des sensations semblables à celles pro-
» duites par le chatouillement, et dit
» plusieurs fois, avec hilarité: Ah! finis-
» sez; ne me chatouillez pas.

» La plaie étant réunie par des em-
» plâtres agglutinatifs et pansée, l'o-
» pérée fut mise au lit, toujours en état

» de somnambulisme, dans lequel on l'a
» laissée quarante-huit heures (*). »

J'ai rapporté les détails de cette opération pour convaincre les incrédules, car on ne feint pas l'insensibilité sous le tranchant d'un bistouri. Cette expérience est d'ailleurs entourée de témoignages qui méritent la confiance des esprits judicieux ; et jusqu'ici la science n'explique pas comment on peut produire une impassibilité complète dans des circonstances ordinairement si douloureuses. Le chatouillement causé en épongeant le sang aux environs de la plaie, est encore remarquable en ce qu'il prouve que l'insensibilité s'était arrêtée à la partie choisie par la volonté du ma-

(*) Madame Plantin mourut quinze ou seize jours après l'opération, par des causes qui lui sont étrangères : elle fut ouverte, et les circonstances de l'autopsie sont extrêmement curieuses. J'en parlerai plus tard.

gnétiseur. On m'a raconté depuis qu'on avait fait dans le midi de la France, sur un somnambule, une autre opération chirurgicale avec le même phénomène d'insensibilité (*).

L'ignorance des modifications qu'éprouve le principe qui nous anime, et des usages que nous en faisons, a jusqu'ici jeté sur le magnétisme animal un vernis de merveilleux qui disparaîtra dès qu'on saura ce que c'est que la vie. En effet, il me semble assez naturel que l'agent de la volonté de quelqu'un puisse agir sur les sensations d'un autre, quand

(*) Un nommé Jean...... (métayer) portait à la partie intérieure et supérieure de la cuisse un abcès : l'opération demandait de la prudence, car l'artère crural traversait la tumeur. M. le comte de B*** mit le malade en somnambulisme, et produisit une insensibilité complète. L'opération fut faite chez le juge de paix du canton de Condom, département du Gers, en présence de plusieurs personnes notables, par le docteur Lar... : elle est rapportée dans le journal de Toulouse.

il a envahi la circulation nerveuse de celui-ci. L'empire d'un magnétiseur ne se
borne pas à ce que je viens de rapporter, il peut encore exercer sur ses somnambules deux autres modes d'action
que je vais examiner.

On se rappelle que l'âme, dans ses
souvenirs, emploie la vie spiritualisée
pour impressionner l'affectibilité du
cerveau et reproduire les sensations
qu'elle veut examiner; c'est à ce travail
que nous devons les illusions des songes,
et celles des hallucinations et du délire.
Les magnétiseurs peuvent en certains
cas produire quelque chose d'analogue, en usant du pouvoir qu'ils ont sur
le cerveau de leurs somnambules pour
l'impressionner, de manière à leur donner des sensations fantastiques de tous
genres. Les exemples n'en sont pas rares,
et les recueils du magnétisme sont rem-
plis de saveurs, de parfums et d'images

dus à la seule puissance de la volonté. M. l'abbé Faria, dans les séances qu'il donnait à Paris, faisait voir à ses somnambules tout ce qu'il voulait; et c'est parce que les mouvemens de la vie spiritualisée des magnétiseurs se reproduisent dans le cerveau des somnambules que quelques individus en l'état lucide obéissent, sans aucune autre communication, à la pensée de celui qui le produit (*).

On sent que toutes ces expériences, offertes plutôt à la curiosité qu'au désir de s'instruire, ne doivent pas beaucoup avancer les progrès de la science. Les enthousiastes les voient avec admiration, et les incrédules n'y trouvent que

(*) On peut facilement prévoir, d'après cela, de combien d'illusions peuvent être accompagnées les visions des somnambules et les consultations qu'ils donnent, surtout quand les malades ne sont pas présens. Je signalerai à ce sujet une autre cause d'erreurs en parlant des vues à distance.

de nouveaux motifs de suspecter la bonne foi de ceux qui les font. Un esprit observateur serait frappé de l'uniformité des phénomènes de ce genre qui se sont reproduits dans tous les temps et dans tous les lieux; mais la plupart de ceux qui les jugent se bornent à calomnier la sincérité des opérateurs et à se moquer de la crédulité de ceux qui les écoutent. Il est inutile d'ajouter que les expériences manquent souvent, et que, d'ailleurs, elles ne sont complètes qu'autant que le permet l'état de la lucidité. Les magnétiseurs, en écrivant des sensations de fantaisie dans le cerveau des somnambules, emploient la vie spiritualisée comme nous le faisions dans le travail des souvenirs; l'exécution consiste à tracer fortement chez eux ce qu'ils veulent reproduire chez les autres. Ils peuvent entrer ainsi dans la voie des actions de la personne soumise à leur empire. En effet, c'est du point où les sensations se forment que la vie spiritualisée part ensuite pour exécuter les mouvemens, et, dès que la volonté d'un magnétiseur parvient à impressionner le cerveau de son somnambule, elle peut bientôt agir sur ses muscles et les faire se contracter.

Ce phénomène se manifesta la première fois dans ma pratique par une circonstance inopinée, et devint pour moi une preuve de la manière dont l'âme dispose de l'organisation. La réflexion me conduisit à reconnaître que la mienne avait possédé momentanément deux corps, puisqu'au moyen de la même vie elle les avait fait mouvoir, quoiqu'elle continuât à n'être possédée que par un seul (*).

(*) Le corps possède l'âme en lui donnant des sensations, et l'âme possède le corps en le dirigeant : l'un exerce sa puissance dans l'union que le fluide nerveux établit entre l'affectibilité et la sensibilité, et l'autre se fait obéir au moyen de la vie spiritualisée qui lie les déterminations de la volonté à l'exécution des actes.

Une de mes somnambules éprouvait une grande faiblesse dans les bras, et pour donner plus d'activité à sa circulation nerveuse, elle m'engagea, dans une séance magnétique, à lui faire tenir une vingtaine de pièces d'or dans chaque main. Lorsqu'ensuite je l'éveillai, à l'instant de sommeil qui sert de passage de l'état lucide à la vie ordinaire, ses mains s'ouvrirent; l'or allait rouler sur le parquet. Je voulus les fermer, et, dans cette intention, je disposai subitement de ma vie, sans penser qu'il s'agissait d'agir sur des membres qui ne m'appartenaient pas. Les mains se fermèrent à l'instant, et ma somnambule en s'éveillant reconnut, avec effroi, qu'il lui était impossible de les ouvrir (*). Mon action sur

(*) Les muscles d'un somnambule fortement magnétisé vous obéissent d'autant plus facilement, dans le sommeil qui sert de passage à la vie ordinaire, que sa volonté ne communique plus avec son affectibilité cérébrale, et que la vôtre peut encore l'impresses muscles continuait encore; pour la faire cesser, je magnétisai le long des trajets nerveux, et les mains s'ouvrirent d'elles-mêmes; elles s'étaient si fortement contractées que chaque ongle avait laissé sa trace imprimée dans la peau.

Depuis, j'ai observé plusieurs phénomènes du même ordre; j'ai lu, et l'on m'a raconté un grand nombre de faits analogues, et j'ai fait marcher par ma volonté une somnambule dont les jambes étaient dans un état de paralysie imparfaite. La malade traversait ainsi péniblement un salon, et les mouvemens que je lui communiquais lui causaient des tiraillemens mêlés d'angoisses, et me fatiguaient beaucoup.

Tels sont les trois modes d'action dont les magnétiseurs disposent dans

sionner. Le fait que je viens de rapporter me parut d'autant plus remarquable qu'à l'instant où le phénomène se manifesta la pensée de ma somnambule ne s'occupait plus de son organisation.

leurs rapports magnétiques. Leur volonté peut produire l'insensibilité dans
une partie ou dans un organe désigné,
impressionner l'affectibilité du cerveau
de leurs somnambules, et finir par contracter leurs muscles. Ces phénomènes
ont des degrés et des nuances : ils varient avec les circonstances, et dépen-
dent surtout de la perfection de l'affectibilité magnétique. Tout ceci ressemble
beaucoup aux possessions, pour lesquel-
les on a tant allumé de bûchers, et qui
nous ont fait si souvent accuser nos pères d'une absurde crédulité. Mais, je le
répète, qu'on veuille bien examiner la
partie physique de cet ouvrage; c'est là
que siége la principale difficulté : car, dès
qu'on connaîtra bien la vie et ses usages, on expliquera facilement les phénomènes du somnambulisme lucide,
dont la réalité est, d'ailleurs, incontestable.

CHAPITRE XIX.

DE LA CLAIRVOYANCE DES SOMNAMBULES LUCIDES, DU MODE DE VOIR QUI LEUR EST PARTICULIER, ET DE LA MANIÈRE DONT ILS L'EXERCENT DANS LES VUES A DISTANCE.

TOUT ce qui semble tenir du merveilleux excite d'abord l'enthousiasme des uns et l'incrédulité des autres ; l'observation impartiale n'arrive que long-temps après, et jusque là ceux qui nient ont un grand avantage sur leurs adversaires ; car, à mesure que les phénomènes s'éloignent, la foi s'ébranle, l'étonnement fait place au doute, et le doute à l'incrédulité. Le souvenir des preuves s'affaiblit avec le temps, tandis que l'étrangeté des faits semble croître avec lui ; et l'on doit finir par juger qu'on s'était trompé, quand chaque jour on conçoit moins ce qu'on avait commencé par admirer.

A la vérité, la cause des phénomènes les plus ordinaires n'est pas moins ignorée; mais on croit comprendre ce qu'on voit tous les jours, et, pour le commun des hommes, l'habitude de sentir vaut une démonstration.

La lumière du jour est aussi admirable que la lumière magnétique, et ses phénomènes exciteraient aussi l'enthousiasme et l'incrédulité, s'ils étaient réservés à quelques êtres privilégiés. Il semble même que nous avons plus de moyens d'étudier la nature d'un fluide dont notre volonté dispose, que celle des rayons solaires qui se meuvent en liberté autour de nous. Les phénomènes de la lucidité n'inspirent donc de la défiance que parce qu'ils s'arrêtent à un petit nombre d'individus. Je vais, avant de parler de la clairvoyance des somnambules, rappeler la théorie que j'en ai déjà donnée.

Le corps humain appartient à la terre; sa vie seule le met en rapport avec l'âme qu'elle retient captive pour un temps. Cette vie est un composé des rayons du soleil; elle éprouve diverses modifications : l'une, connue sous le nom de fluide nerveux, forme l'affectibité des organes; une autre devient l'agent de la volonté, et je l'ai nommée vie spiritualisée. Lorsque celle-ci envahit la circulation nerveuse, il en résulte un nouveau mode d'existence, et je viens d'examiner l'influence qu'il donne aux magnétiseurs sur leurs somnambules; je vais m'occuper maintenant des facultés qu'il développe chez ceux-ci.

La vie spiritualisée, qui dans l'état ordinaire ne fait aucune impression sur l'affectibilité des organes, impressionne, au contraire, l'affectibilité magnétique, dont la délicatesse est exquise (*); et, comme cette vie spiritualisée est un fluide lumineux, les somnambules s'en servent pour éclairer les objets et en rapporter les images dans leurs yeux. C'est une lumière qu'ils envoient et qu'ils rappellent : un somnambule, par exemple, qui veut voir l'intérieur du corps de quelqu'un, le magnétise d'abord, et porte successivement la lumière de sa vie sur les organes qu'il veut examiner; l'exactitude de l'opération dépend ensuite du soin qu'il y apporte, et du plus ou du moins de susceptibilité de son affectibilité magnétique.

(*) Si l'affectibilité des organes devenait susceptible de recevoir les impressions du monde spirituel, il nous apparaîtrait même pendant notre séjour sur la terre; et, si l'on fait attention que la modification vitale qui forme l'affectibilité magnétique est l'agent de la volonté, on concevra que l'état lucide doit se rapprocher de la spiritualité.

Cette manière de voir est toute active : elle commence à s'éloigner des voies ordinaires des sensations terrestres qui viennent nous trouver ; tandis qu'ici c'est la vie qui va, en quelque sorte, chercher les sensations. Les somnambules, en examinant les uns après les autres les détails d'un objet, n'en saisissent pas toujours les rapports, et, à cet égard, la lumière commune est bien supérieure et trompe moins. Il faut encore observer que rarement la lucidité est parfaite : les somnambules qu'un intérêt quelconque ne domine pas, vous en avertissent eux-mêmes et vous indiquent les obstacles que leur vue rencontre ; leur susceptibilité varie suivant leur disposition physique et morale. Souvent les facultés de la veille ne sont pas les facultés du lendemain, et les vues à distance, dont les phénomènes sont d'un si grand intérêt, ne se

manifestent presque jamais qu'inopinément. Je citerai encore à ce sujet l'histoire de madame Plantin (opérée, le
14 avril 1829, par le docteur J. Cloquet). Cette dame avait une fille mariée
à M. Lagandré; malheureusement elle
habitait dans la province, et ne put se
rendre à Paris que quelques jours après
l'opération. Madame Lagandré entrait
en somnambulisme, et jouissait d'une
lucidité très-remarquable. On voulut la
consulter sur l'état de sa mère, et le docteur Chapelain la magnétisa le dimanche
26 avril. Voilà quelle fut littéralement sa
réponse : elle lui dit que madame Plantin
était très-mal, « que toutes ses humeurs
» étaient viciées; qu'il y avait un épan-
» chement dans le côté droit de la poi-
» trine, un peu d'eau dans l'enveloppe
» du cœur (le péricarde); que le foie
» était décoloré à sa surface. Dans deux
» jours, ajouta-t-elle, ma mère sera

» morte, malgré tout ce qu'on pourra
» faire. Vous n'aurez presque plus d'ac-
» tion sur elle demain : elle n'aura plus
» assez de vie pour vous sentir. »

Le lundi, le docteur Chapelain se rendit près de sa malade, et reconnut que la triste prophétie de la somnambule commençait à se vérifier : les pieds et les jambes présentaient un œdème assez considérable; la respiration était difficile, et souvent interrompue par une petite toux sèche. La malade était évidemment plus mal. M. Cloquet pria le docteur Chapelain de mettre madame Lagandré en état magnétique, et lui fit plusieurs questions sur madame Plantin; elle lui répondit comme il suit : « Ma mère est très-affaiblie depuis quel-
» ques jours : elle ne vit plus que par le
» magnétisme qui la soutient artificiel-
» lement; il lui manque de la vie. —
» Croyez-vous qu'on puisse soutenir la

» vie de votre mère? — Non : elle s'é-
» teindra demain matin de bonne heu-
» re, sans agonie, sans souffrance. —
» Quelles sont donc les parties malades?
» — Le poumon droit est rétréci, re-
» tiré sur lui-même; il est entouré d'une
» membrane comme de la colle; il nage
» au milieu de beaucoup d'eau. Mais
» c'est surtout là, dit la somnambule,
» en montrant l'angle inférieur de l'o-
» moplate, que ma mère souffre. Le
» poumon droit ne respire plus, il est
» mort. Le poumon gauche est sain :
» c'est par lui que ma mère vit. Il y a
» un peu d'eau dans l'enveloppe du
» cœur (le péricarde).—Comment sont
» les organes du bas-ventre? — L'esto-
» mac et les intestins sont sains, le foie
» est blanc et décoloré à la surface. »

M. Chapelain magnétisa énergiquement la malade plusieurs fois dans la
journée du lundi, et parvint à peine à

la faire sommeiller. Quand il revint, le mardi, vers sept heures du matin, elle venait d'expirer.

Les deux docteurs désiraient vérifier les déclarations de la somnambule sur l'état intérieur du corps; ils obtinrent l'agrément de la famille pour en faire l'autopsie. M. Moreau, secrétaire de la section de chirurgie de l'Académie, et M. le docteur Dronsart, furent priés d'en être témoins, et il fut arrêté qu'elle se ferait le lendemain en leur présence. Il y fut procédé par M. Cloquet et par M. Pailloux, son aide, assistés du docteur Chapelain. Celui-ci endormit madame Lagandré un peu avant l'heure fixée pour l'opération. Je ne rapporterai pas une scène de tendresse et de piété filiales pendant laquelle cette somnambule baigna de ses larmes le visage inanimé de sa mère. Le docteur Chapelain se hâta de la calmer; les médecins dé-

sirèrent entendre de sa bouche même
ce qu'elle avait déclaré voir dans l'intérieur du corps de madame Plantin,
et la somnambule répéta d'une voix
ferme et sans hésiter ce qu'elle avait
déjà annoncé à MM. Cloquet et Chapelain. Ce dernier la conduisit alors
dans le salon qui touche à la chambre
où l'on allait opérer, et dont la porte
fut exactement fermée. Madame Lagandré était toujours en somnambulisme, et, malgré les barrières qui la
séparaient de ces messieurs, elle suivait
le bistouri dans la main de l'opérateur,
et disait aux personnes restées près
d'elle : Pourquoi fait-on l'incision au
milieu de la poitrine, puisque l'épan-
chement est à droite?

Les indications données par la somnambule furent trouvées exactes, et le
procès-verbal d'autopsie fut écrit par
le docteur Dronsart ainsi qu'il suit :

Procès-verbal d'ouverture du corps de madame Plantin, ce mardi 29 avril 1829.

« *Extérieur.* — Pâleur jaunâtre de
» tout le corps ; maigreur assez pro-
» noncée ; abdomen volumineux. La
» plaie est aux trois quarts cicatrisée :
» sa surface présente des granulations
» charnues de bonne nature ; ses bords
» sont affaissés et recouverts d'une ci-
» catrice de nouvelle formation.

« *Intérieur.* — A l'ouverture de la
» poitrine, on trouva la cavité de la
» plèvre droite remplie d'une sérosité
» trouble dont la quantité peut être
» évaluée à deux pintes environ. Les
» feuillets pulmonaire et costal de cette
» membrane sont couverts d'exsuda-
» tions couenneuses molles, qui sont
» plus abondantes à la partie posté-
» rieure de la cavité qu'à la partie an-

» térieure. Le poumon est fortement
» revenu sur lui-même; les incisions
» qu'on pratique sur le bord postérieur
» et surtout sur son lobe supérieur,
» font reconnaître l'existence d'une
» pneumonie, et donnent issue à un li-
» quide séro-purulent, blanchâtre dans
» certains endroits, et grisâtre dans
» d'autres. Plusieurs points du bord
» antérieur et du lobe inférieur sont
» encore perméables à l'air et crépitans.

» Le péricarde contient environ trois
» ou quatre onces de sérosité limpide.
» La face postérieure du cœur est lé-
» gèrement rougeâtre et présente plu-
» sieurs petits lambeaux d'exsudation
» couenneuse. Du reste, cet organe
» n'offre rien de remarquable sous le
» rapport du volume.

» Le foie est d'un volume ordinaire :
» la face supérieure est recouverte à sa
» partie moyenne de plaques blanchâ-

» tres qui ne s'étendent pas au-delà de
» la surface de l'organe. La vésicule
» biliaire est atrophiée et d'une couleur
» blanchâtre ; elle est remplie de calculs
» biliaires, et ne contient pas de bile. »
 » Les autres organes n'ont pas été
» examinés. » Suivent les signatures.
 On voit par ce procès-verbal d'autopsie que madame Plantin n'a pas suc-
combé par suite de l'opération prati-
quée sur elle quinze jours avant, puisque la plaie tendait à cicatrice ; mais ce
qui est bien digne de remarque, c'est
l'exactitude de la description de l'état
intérieur du corps faite avant par la
somnambule. De pareils faits, même
isolés, seraient déjà concluans ; mais
depuis 1822, les expériences et les pro-
cès-verbaux se sont multipliés, tant à la
Salpêtrière qu'à la Charité et à l'Hôtel-
Dieu. Les commissaires nommés par
l'Académie de Médecine ont recueilli

et constaté bon nombre de phénomènes; cependant rien ne se publie, et
leur silence prolongé a sans doute pour
motif le besoin de laisser mûrir leurs
réflexions sur un sujet si important.

Je pourrais citer des milliers d'exemples de vues intérieures de la part des
somnambules lucides, car il n'y a pas
de traitement magnétique qui n'en rapporte plusieurs; mais il me semble su-
perflu de revenir sans cesse sur l'existence de phénomènes si bien constatés.
Le point important est de recommencer l'étude de la physique, et de reconnaître que la matière et les rayons
du soleil sont les principes de la nature, et se combinent dans tous les
corps. Dès qu'on sera certain que la
lumière forme la vie, il ne paraîtra
plus incroyable que la dernière modification vitale, nommée chez l'homme
fluide magnétique, puisse être lumi-

neuse et servir à éclairer l'intérieur des corps pour ceux dont l'affectibilité organique est devenue susceptible d'en recevoir les impressions.

-. Notre existence sur la terre se partage entre l'inertie matérielle du corps et l'activité spirituelle de l'âme; nous devons nos sensations au fluide nerveux qui appartient à l'organisation, et nos mouvemens à la vie spiritualisée dont la volonté dispose. C'est ainsi que les relations entre le physique et le moral se balancent ordinairement. Mais cet ordre change en arrivant à l'état lucide; et, dès que l'agent de la volonté a formé une affectibilité susceptible de recevoir les impressions qu'il lui apporte, l'empire de l'âme sur l'existence terrestre s'accroît et la rapproche de la spiritualité.

Dans la vie ordinaire, nous recevons des rayons solaires l'image des objets;

et nous voyons passivement; mais, dans l'état magnétique, les somnambules lucides voient activement, par un acte de leur volonté qui consiste à disposer de la lumière de leur vie pour aller chercher les images et les rapporter à leurs yeux. Un cercle lancé devant vous en l'air revient en arrivant à terre et roule à votre rencontre quand il a reçu, au départ, deux impulsions opposées : il en est ainsi du fluide vital ; la volonté l'envoie et le rappelle, en même temps, avec l'activité de la pensée agissant sur une modification de la lumière. Cette manière active de voir appartient tout entière à l'action spirituelle, et s'éloigne des habitudes du monde des corps. Un somnambule qui s'élève dans la lucidité, ne cherche bientôt plus la situation matérielle des personnes : il les éclaire là où sa pensée les saisit ; car la lumière de sa vie suit sa volonté et illumine à l'instant tout ce qui fixe son attention. On conçoit que les obstacles et les distances disparaissent alors. L'âme ne s'en inquiette plus; elle se livre naturellement à ce nouveau mode d'investigation, et paraît ne faire en cela que recouvrer un genre d'action qui lui est propre et que le relâchement des liens de la vie vient de lui rendre. Demandez à un somnambule comment il voit malgré les obstacles et la distance, il vous répondra qu'il voit parce qu'il le veut. Il ne s'inquiète pas comment il a pu acquérir cette faculté; mais il sent qu'il est de la nature de son être spirituel de voir ainsi. Madame Lagandré en état magnétique voyait le corps inanimé de sa mère, et, malgré la distance et la séparation, elle suivait, pendant l'autopsie, le bistouri de l'opérateur; parce que l'énergie de ses sentimens donnait à son action spirituelle une grande supériorité sur son physique.

Les relations des traitemens des somnambules lucides contiennent un grand nombre d'exemples de vues de ce genre, et ma pratique m'en a offert plusieurs. Je n'en rapporterai que deux : ils n'ont pas l'authenticité de celui que je viens de citer, mais les circonstances en sont assez détaillées pour mériter l'attention de ceux qui cherchent la vérité. Je me proposais de saigner au pied l'aînée des deux sœurs somnambules dont j'ai déjà parlé : j'avais, en entrant, mis la cadette en état magnétique, et, comme elle était souffrante, elle passa dans la chambre voisine et se coucha. Il ne restait avec moi que le père et la mère ; ils devaient m'assister dans l'opération, car nous avions écarté les témoins importuns. Je posai le pied de la malade sur mon genou, et, prenant la lancette que je tenais à ma bouche, j'allais ouvrir la veine, quand un cri partant du lit de la plus jeune sœur nous fit courir vers elle. Nous la trouvâmes évanouie dans la situation où elle s'était couchée. Je la ranimai, et lui demandai la cause de sa défaillance; elle nous conta alors les détails de tous mes mouvemens dans l'opération projetée: elle me dit qu'elle m'avait constamment suivi des yeux, et qu'au moment où j'avais pris la lancette, une émotion, qu'elle n'avait pu vaincre l'avait privée de sentiment. Cependant, sa situation, la distance et la cloison qui nous séparait, rendaient la chose impossible dans le cours de la vie ordinaire. La même somnambule, assise la tête penchée sur la poitrine, dans l'attitude de la réflexion, suivait la main de quelqu'un qui, derrière elle, cherchait des livres sur les rayons d'une bibliothèque, et la voyait se porter de l'un à l'autre.

L'aînée des deux sœurs aimait beaucoup une dame qu'elle promit d'aller voir avec moi. Le jour pris, on éloigna les domestiques : l'appartement au premier offrait une suite de trois pièces, une salle à manger, un salon et une chambre à coucher : ce fut dans ce dernier local que je mis ma somnambule en état magnétique; je m'éloignai pour laisser les deux amies causer en liberté. J'ai su qu'il avait été question de l'extraction d'un cor : un léger mouvement et un petit cri de la patiente jetèrent tout-à-coup l'opératrice dans un évanouissement complet. J'accourus : il fallut la placer sur le lit au fond de la chambre; son amie désolée lui tenait les mains, assise près d'elle. La syncope fut de peu de durée; et la malade, revenue à elle-même, demanda de l'eau : j'allai prendre une carafe sur la cheminée, mais elle se trouva vide; je l'emportai, pour la remplir, dans la salle à manger, où j'avais remarqué une fontaine filtrante : je tournai le robinet, l'eau ne vint pas; cependant je m'assurai que la fontaine était pleine. J'imaginai qu'il fallait déboucher le robinet, et j'allai chercher un rotin, que je fendis avec un couteau pris dans le buffet : l'eau n'arriva pas davantage. Je supposai alors que le conduit aérien du réservoir était bouché, et, comme il était fort étroit, il fallut de nouveau fendre le rotin pour l'introduire; mais je ne réussis pas mieux. Enfin, je revins avec une carafe pleine d'eau non filtrée. Je retrouvai ma somnambule la tête appuyée sur l'épaule de son amie, qui lui tenait les mains et ne l'avait pas quittée. Sa lucidité était telle qu'aucun de mes mouvemens ne lui avait échappé; elle me les rapporta dans le plus grand détail : cependant, entre elle et moi il se trouvait un salon et deux murs, et ma conduite présentait une foule de circonstances qu'on ne pouvait imaginer.

Un magistrat conseiller à une cour royale m'a raconté l'anecdote suivante. Son épouse avait une femme-de-chambre d'une santé fort languissante; elle la magnétisa, et la fit entrer en somnambulisme : le traitement se faisait secrètement, car ses intentions charitables ne l'eussent pas mise à l'abri des plaisanteries. Cette dame se faisait aider par son mari. Un jour où la séance magnétique avait été accompagnée de fortes douleurs, la somnambule demanda du vin vieux : le mari prit un flambeau, et sortit pour en aller chercher. Il descendit le premier étage sans accident; mais la cave était située assez profondément au-dessous du sol, les marches étaient humides; il glissa à moitié de l'escalier, et tomba en arrière sans se blesser; et même sans éteindre la lumière qu'il tenait à la main. Cela ne l'empêcha pas, ensuite, de continuer sa route et de remonter avec le vin demandé. Il trouva sa femme instruite de sa chute et de tous les détails de son voyage souterrain ; sa somnambule les lui avait racontés à mesure qu'ils étaient arrivés.

Je pourrais citer plusieurs autres faits qui me sont personnels, et rapporter des exemples de vues semblables et même à des distances bien plus éloignées ; mais les circonstances n'en seraient pas plus convaincantes.

J'ai connu l'épouse d'un colonel de cavalerie, que son mari magnétisait, et qui devint somnambule ; dans le cours du traitement une indisposition le contraignit à se faire aider par un officier de son régiment ; cela ne dura que huit à dix jours. Quelque temps après, dans une séance magnétique, le mari, ayant mis sa femme en somnambulisme, l'engagea à s'occuper de cet officier : Ah! le malheureux! s'écria-t-elle, je le vois, il est à ***; il veut se tuer; il prend un pistolet; courez vite..... Le lieu indiqué était à une lieue: on monta sur-le-champ à cheval; mais quand on arriva le suicide était consommé.

La vie spiritualisée des somnambules lucides qui peut, en certains cas, éclairer à distance les objets réels, ne fait, quand ils se livrent à leur imagination, qu'illuminer leur cerveau et en rapporter des images : telle est la cause des illusions de ceux qui s'efforcent de voir spirituellement sans que leur état leur en donne le moyen. La puissance que quelques magnétiseurs exercent sur la volonté de leurs somnambules, contribue aussi à les égarer; et, lorsqu'ils leur demandent ce qui se passe à la Chine ou dans la lune, ceux-ci font des efforts pour les satisfaire et finissent ordinairement par raconter ce qui se passe dans leur cerveau. L'illusion se forme et les trompe; mais il n'y a dans tout cela ni jonglerie ni mauvaise foi. J'ai vu il y a quelques années à Paris, dans une réunion mystique, une somnambule de quatorze ans déclarer au milieu d'un salon, que le ciel était ouvert à ses yeux, et annoncer que, Pâques avenant, la ferveur de ses prières l'élèverait et la soutiendrait en l'air entre le parquet et le plafond. On sent bien que le miracle ne s'accomplit pas; mais la jeune fille dont la foi se trouvait ainsi déçue faillit devenir folle.

Un pareil spectacle peut ne paraître que ridicule, il mérite pourtant l'attention de l'observateur; car il importe de connaître par quelle voie on était arrivé à cet étrange résultat; et, si l'on se donne la peine de revoir ce que j'ai dit du travail de la mémoire, des rêves et de la folie, on trouvera dans cette anecdote une confirmation de ma théorie. Les savans en appellent à l'imagination, dans les phénomènes psycho-physiologiques ; mais il faudrait dire d'abord comment elle agit sur les organes, autrement on n'explique rien.

La lucidité rend toutes les sensations plus étendues, plus vives et plus pénétrantes : elle fait apercevoir une foule de rapports nouveaux, et donne aux somnambules de nombreux moyens de juger les besoins des malades, et d'apprécier l'effet des médicamens et les ressources de la nature : aussi les somnambules, dans leurs consultations, s'efforcent-ils toujours, en disposant de leur vie, de faire application de leur affectibilité magnétique à l'état intérieur de ceux qui les consultent. Ils n'aperçoivent quelquefois qu'une partie de la maladie, et souvent ils se trompent, surtout quand ils consultent à distance ; car, au lieu de porter leur vue sur les objets qu'ils veulent éclairer (ce qui fatigue d'autant plus que les liens corporels sont moins relâchés), ils la portent souvent sur leur cerveau, et y voient ce qu'ils y tracent eux-mêmes, comme nous voyons en dormant.

Les somnambules prévoient l'issue des maladies, et assez fréquemment en indiquent le terme avec une étonnante précision. C'est ainsi que madame Lagandré annonça pour le lendemain de bon matin la mort de sa mère; et, à cet égard, il existe une foule de pronostics funestes qui se sont réalisés avec une scrupuleuse exactitude. Je ne dirai rien des prévisions d'un autre genre auxquelles quelques personnes ont confiance, parce que je ne me suis proposé que l'examen des relations des facultés de l'âme avec les organes du corps, et quelles me semblent étrangères aux prédictions de l'avenir.

CHAPITRE XX.

DU MAGNÉTISME SPIRITUEL, DE L'ILLUMINISME, DE L'EXALTATION MAGNÉTIQUE, ET DE LA MORT NATURELLE.

Nous mesurons la séparation des corps par l'étendue d'espace qui se trouve entre eux; tandis que les âmes s'éloignent ou se rapprochent par l'opposition ou la conformité de leurs sentimens et de leur volonté. Je viens de faire connaître comment les somnambules lucides usent spirituellement de la vie pour éclairer l'objet de leurs pensées, à quelque distance qu'il soit (*): ce

(*) Il paraît que nous en faisons autant dans toutes les émotions de la sensibilité morale, et qu'en pensant passionnément à une personne, notre vie l'illumine aussitôt; mais ce résultat reste ignoré, parce qu'il n'est pas de nature à impressionner l'affectibilité ordinaire.

mode d'action appartient tout entier à la nature spirituelle, et ne se rattache au corps que par les impressions que l'affectibilité magnétique en reçoit. L'affectibilité ordinaire n'est pas accessible à de pareilles atteintes. D'ailleurs, nous n'employons communément la vie que dans les limites de l'organisation : cependant l'émission magnétique la porte au dehors; aussi les magnétiseurs peuvent la diriger naturellement ou spirituellement, c'est-à-dire qu'ils peuvent faire prendre à leur fluide la route indiquée par la situation matérielle, ou bien chercher spirituellement dans leurs pensées la personne qu'ils veulent en pénétrer.

Cette dernière manière d'agir est celle que les magnétiseurs emploient pour endormir ou éveiller à distance; et, quoiqu'ils s'abusent souvent, dans ces sortes d'opérations, sur la réalité des effets, on ne peut néanmoins méconnaître qu'elles ont en certains cas des résultats incontestables.

Magnétiser est un acte de la volonté, qui ordinairement dispose de la vie vers un objet extérieur. On peut, dans l'exécution, lui faire prendre en même temps la voie des pensées et celle des actions : alors on magnétise tout à la fois spirituellement et naturellement.

Le magnétisme naturel dirigé par une bienveillance éclairée, est éminemment utile; il envoie la vie du magnétiseur au secours de l'organisation malade, dont il augmente ainsi les ressources et diminue les périls. Il n'en est pas toujours de même du magnétisme spirituel; son principal objet est souvent de produire, sans nécessité, des phénomènes extraordinaires. Je sais qu'un grand nombre d'erreurs se mêle aux merveilles qu'il fait naître; mais il offre des faits qu'on ne peut nier, et lorsqu'on prétend en rendre compte en les attribuant à l'imagination, il faudrait au moins nous apprendre comment elle agit sur les organes. Je l'ai déjà dit, tant qu'on ignorera par quelle voie la volonté s'unit à l'exécution des actes, l'incrédulité d'une part et la superstition de l'autre chercheront des explications où la vérité sera sacrifiée au désir de faire prévaloir une opinion. Il faut étudier la vie et ses usages pour concevoir les résultats qu'elle peut amener, et dès qu'on la connaîtra mieux, les phénomènes de la psychologie physiologique ne seront plus abandonnés aux spéculations de préjugés contradictoires et rentreront dans le domaine des connaissances positives.

Le magnétisme spirituel me paraît la base des possessions, des divinations, des communications avec les esprits et

de toutes les révélations vraies ou fausses des théosophes anciens et modernes. Je ne prétends, en aucune façon,
me prononcer sur la réalité des initia-
tions de l'illuminisme; mais, si l'on se
rappelle comment la vie spiritualisée
nous sert dans nos rêves à peindre les
images dont l'illusion nous captive, si
l'on a bien compris de quelle manière
un magnétiseur parvient à en tracer
dans le cerveau de ses somnambules,
on concevra quel serait le résultat des
communications avec les esprits. On
n'y parviendrait qu'en disposant vers
eux de l'agent de la volonté, et par
conséquent en livrant l'affectibilité cérébrale aux caprices d'intelligences qui
en useraient suivant leurs fantaisies.
L'homme dont l'imprudence jetterait,
ainsi, une planche sur l'abîme qui nous
sépare du monde spirituel, devancerait
l'instant où la mort l'y appellera pour

devenir le jouet d'une puissance dont
le joug s'appesantirait par son impatience à le porter. Il lui serait impossible, ensuite, d'échapper aux sensations
fantastiques qui le tourmenteraient, et
l'horreur de sa situation croîtrait par
la certitude d'être soumis à une volonté ennemie, qui ne laisserait après
elle qu'un avenir sans espérance. Il
n'est pas de courage humain capable
de résister à de si cruelles épreuves, et
la mort ou la folie en seraient l'inévitable conséquence. Quelle lumière,
d'ailleurs, de pareilles communications
pourraient-elles donner? Dans le sommeil, elles se confondent avec les images des rêves, et pendant la veille on
ne sait jamais quelle part les hallucinations peuvent y prendre? Le désir de
connaître ne serait pas même complètement satisfait par des relations réelles
avec les esprits; car elles n'arriveraient

à notre sensibilité qu'au moyen de la
vie et par l'intermédiaire de l'affectibilité cérébrale, c'est-à-dire qu'elles pren-
draient la voie des souvenirs et ne nous
éclaireraient sur l'autre monde que par
les analogies qu'il peut avoir avec le
nôtre. Ici-bas, nous ne sentons qu'au
travers de l'affectibilité; il faut que
l'âme soit débarrassée de la vie et en
quelque sorte mise à nu pour recevoir
immédiatement des sensations. Jusque
là les communications se borneraient
à reproduire des impressions connues
que des volontés étrangères suscite-
raient dans un cerveau livré à leurs
caprices.

Ce n'est qu'en se fatiguant par les
efforts d'une concentration spirituelle,
qu'on pourrait tenter de faire prendre
à la vie la direction que je viens d'indiquer, et je crois en avoir dit assez
pour éclairer sur les inconvéniens de

pareilles manœuvres. Les illusions se multiplient quand la curiosité s'empare du magnétisme; et les somnambules, lancés dans la voie du merveilleux, débitent leurs rêveries avec la confiance qu'ils donnent à leurs sensations : chacun de nous s'exprimerait de même, si pendant le sommeil il manifestait son opinion sur ses propres rêves; et cependant les observateurs superficiels ne voient dans cette assurance que jongleries et déceptions.

Notre séjour sur la terre se maintient par une sorte d'équilibre entre l'empire que la vie donne à l'affectibilité sur la sensibilité de l'âme, et celui qu'elle prête à la volonté sur l'organisation. Le fluide nerveux et la vie spiritualisée se balancent et forment le nœud de notre existence; mais, dans le somnambulisme lucide, leurs rapports changent, et le domaine de la spiritualité s'étend : aussi

les émotions morales deviennent alors
plus vives, et presque toujours elles
amènent une lucidité extraordinaire : je
les ai vues conduire deux somnambules
à l'exaltation magnétique. Ce dernier
état est rare, et les circonstances qui
l'accompagnent sont plus propres à produire l'effroi qu'à faire naître la curiosité. J'ignore si l'on peut aller au-delà et
rentrer ensuite dans les liens de la vie.

Quand un somnambule, dans une
lucidité très-élevée, s'abandonne incon-
sidérément aux mouvemens de son
âme, elle peut imprimer à la vie spiritualisée une impulsion assez énergique
pour la séparer tout-à-coup de l'organisation; c'est ce que j'appelle l'exaltation magnétique. Le corps reste alors
sans mouvement; la respiration s'arrête aussitôt; les battemens du cœur
ne se font plus sentir; les lèvres et les
gencives se décolorent, et la peau, que

là circulation a cessé d'animer, prend une teinte livide et jaunâtre. C'est plus qu'un évanouissement ordinaire qui laisse subsister quelque signe de vie; les membres soulevés retombent avec l'abandon de la mort, et tout semble indiquer au magnétiseur qu'il n'a désormais qu'un cadavre sous la main.

Ce spectacle effrayant que je n'avais pas prévu, m'étonna d'abord, mais mon dévouement et ma confiance ne m'abandonnèrent pas; car je sentis que je possédais d'autant mieux la vie, que ma pensée s'élevait au-delà.

Je me hâtai de faire sortir ma somnambule d'un état si dangereux, et lorsqu'elle put répondre à mes questions, j'appris que son organisation était restée intacte, mais qu'à l'instant où l'émotion morale avait interrompu ses communications avec l'affectibilité, les circulations sanguine et nerveuse s'étaient arrêtées, pendant que la vie spiritualisée retenait encore l'âme incertaine en vacillant comme la flamme au-dessus de la lampe qui s'éteint.

Dans l'état lucide, un somnambule craint ordinairement la mort; mais, dans l'exaltation, loin de la craindre, il semble la désirer, et vous parle de son corps comme d'un objet étranger qu'il voit hors de lui.(*)

Au surplus, je ferai remarquer qu'en sortant de l'exaltation magnétique, on perd la mémoire, comme on oublie ce qui s'est passé en somnambulisme lorsqu'on retourne à la vie commune.

La mort est subite et n'offre physi-

(*) Dans l'exaltation magnétique, les somnambules ne rentrent dans les liens de la vie ordinaire qu'en cédant à la volonté de leur magnétiseur. « Pourquoi me rappeler à la vie? me disait un somnambule en cet état; si vous vous éloigniez, ce corps qui me gêne se refroidirait, et mon âme n'y serait plus à votre retour.

quement rien de douloureux quand un
mouvement de l'âme la décide; mais,
lorsqu'elle est la conséquence du dépérissement du corps, elle est souvent accompagnée des longues angoisses qu'apportent à notre sensibilité ses relations
avec une organisation qui se détruit.
Cependant, quand la vieillesse amène la
fin d'une existence honorable, la mort
est plutôt paisible et solennelle qu'ef-
frayante et triste. J'en puis citer un
exemple : une femme de quatre-vingt
et quelques années gisait sur son lit; les
médecins s'étaient retirés, car l'état de
la malade n'offrait aucune ressource:
c'étaient les derniers efforts de la nature
expirante. Une somnambule que je magnétisais consentit à en être témoin.
Elle s'approcha dans un recueillement
religieux, et reconnut que la vie commençait à se détacher du corps : le travail se faisait dans les plexus. Quand la

vie spiritualisée se fut dégagée de ce premier lien, elle se réunit au cerveau, et, bientôt après, l'âme l'entraîna comme un voile lumineux qui l'enveloppait (*). Ce voile lumineux est précisément la flamme qui, dans l'exaltation magnétique, retient l'âme incertaine; et les annales du somnambulisme pourraient rapporter plusieurs faits analogues. Un de mes amis m'a raconté l'anecdote suivante :

Une jeune personne tendrement aimée de ses parens mourait à quatorze ans, après avoir épuisé tous les secours de la médecine. Mon ami avait une somnambule très-lucide, on le pria de l'amener; mais à peine fut-elle entrée dans la chambre, qu'elle dit en s'arrê-

---

(*) On peut voir, dans l'*Esquisse de la nature humaine*, les détails de ce phénomène, et la manière dont ma somnambule jugea, par une sorte d'intuition, de la présence de l'âme sous ce voile lumineux.

tant : La malade expire, il n'est plus temps ; son âme l'abandonne, je vois la flamme de sa vie qui se détache du cerveau. En effet, il ne restait plus qu'un corps inanimé : tout était fini.

Je n'ai parlé du magnétisme vital que parce que la psychologie physiologique doit en examiner les phénomènes, et qu'ils m'ont paru propres à dissiper un grand nombre d'obscurités. Les esprits prévenus m'accuseront de crédulité ; mais je les prie de se rappeler que, dans mon opinion, la vie n'est qu'une application du mouvement élémentaire à un usage particulier ; que j'indique comment elle se forme, et qu'avant de parler des phénomènes du somnambulisme, j'ai expliqué la lucidité par l'introduction de l'une des modifications vitales dans des voies inaccoutumées. Il ne s'agit plus de faits isolés, qu'on peut admettre ou rejeter avec plus ou moins de facilité, mais des conséquences d'un système où tout se lie. J'ai beaucoup observé, beaucoup comparé, et j'expose avec simplicité par quelle voie ma conviction s'est formée : c'est au lecteur à juger si j'ai bien ou mal raisonné.

———

CHAPITRE XXI.

EXAMEN DES CAUSES DE LA CRAINTE DE LA MORT, EFFETS
DU DÉVELOPPEMENT ET DU DÉPÉRISSEMENT DU CORPS
RELATIVEMENT A L'AME, CONSIDÉRATIONS GÉNÉRALES
SUR L'INFLUENCE RÉCIPROQUE ENTRE LE PHYSIQUE ET
LE MORAL.

ON nous présente ordinairement la
crainte de la mort comme la preuve de
notre amour pour la vie. La poésie s'est
emparée de cette opinion et l'a fait passer
dans une fable charmante. Cependant
lorsque l'existence n'offre plus qu'une
succession de souffrances, elle devient
un cruel fardeau, et si le trépas effraie
encore, c'est qu'on le considère comme
une opération utile mais douloureuse.
Quiconque, d'ailleurs, a suivi le cours
des longues maladies, a pu observer que
souvent l'homme souffrant considère sa

fin comme un bienfait quand il a perdu l'espérance d'un retour à la santé.

Ces réflexions m'ont conduit à chercher quelle pouvait être la source de l'effroi que l'anéantissement du corps inspire généralement, et j'ai reconnu qu'il a pour cause une inquiète prévoyance de l'avenir, et les rapports que le fluide nerveux établit entre l'affectibilité des organes et la sensibilité de l'âme.

Dans les communications réciproques qui se font au moyen de la vie, tout ce qui vient du corps nous avertit que sa nature est périssable; nous lui devons la douleur des atteintes destructives et l'effroi de la destruction. La lucidité des somnambules ne leur apporte aucun changement à cet égard; mais il n'en est plus de même en arrivant à l'exaltation magnétique, car ils cessent de craindre la mort dès que leur âme ne confond plus l'appareil des sensations avec sa sensibilité.

L'union des deux natures que nous rassemblons ici-bas, produit un contraste entre la prévoyance de la destruction et le sentiment de l'immortalité. La conscience que notre être spirituel a de cet ordre de choses, lui inspire quelquefois pour son associé une pitié douce bien éloignée de la sécheresse de l'égoïsme. L'âme compatit aux destinées du corps comme à celles d'un compagnon de voyage qu'elle doit abandonner : elle lui donne des pleurs et de tendres regrets, car elle sait qu'un jour il périra. Nous devons à ce sentiment mélancolique le charme d'une foule de poésies et de morceaux de musique, et il offrirait en remontant à sa source une nouvelle preuve de la dualité de notre être.

L'exaltation magnétique met fin à la

crainte de la mort en interrompant les communications avec l'affectibilité, et, dès que l'âme a senti son indépendance, elle manifeste la volonté de ne plus rentrer dans un corps dont les organes gênent sa liberté; elle ignore le sort qui l'attend, mais elle connaît les entraves qu'elle quitte.

La vie s'empare de nos moyens de connaître et les renferme dans les organes des sens; c'est une vérité que j'ai précédemment établie, et je ne conçois pas qu'il puisse exister un autre moyen de mettre un être spirituel en communication avec le monde des corps. Ce mode d'existence a l'inévitable résultat de faire subir à l'intelligence les vicissitudes attachées à la nature des instrumens qu'elle emploie, et tant que le travail des pensées se fait dans le cerveau, la puissance de penser subit les conséquences de la destructibilité de

l'organe. Il en est ainsi de l'ensemble
des relations du physique avec le moral. Nous leur devons d'abord l'impuis-
sance du premier âge, sa mémoire fugitive, sa joie et ses pleurs qu'un rien excite et suffit pour apaiser. Dans la jeunesse, l'énergie du développement et
l'abondance de la vie communiquent à
l'âme une sensation habituelle de plaisir
et d'activité. Bientôt la gaîté du prin-
tems fait place à la vigueur de l'âge mûr,
et, dans la vieillesse, l'engourdissement,
l'ennui et l'humeur chagrine sont les
derniers fruits de l'union avec une organisation qui se détruit (*).

(*) Un médecin demandait à ses jeunes malades
quel chagrin les affligeait, et aux vieillards chagrins
quelle maladie les faisait souffrir. Vainement l'homme
dans sa vieillesse cherche-t-il à se cacher à lui-même
les approches de sa fin : les titres, les décorations et
les honneurs n'empêchent pas la mort, au milieu de
la puissance sociale, de s'annoncer par la sensation
du dépérissement qui assiége nos derniers jours. Les

Telles sont les principales périodes de l'influence du physique sur le moral; et sous ce point de vue la vie n'est précisément ni un bien ni un mal, c'est une suite de sensations produites par les diverses phases du développement et du dépérissement des organes.

Considérée sous le rapport de l'influence du moral sur le physique, l'existence de l'homme en ce monde a des conséquences encore plus importantes; car, au moyen de la vie, l'âme fait partager au corps l'agitation des passions, et finit par altérer sa constitution et jusqu'à ses formes extérieures.

Les animaux sont, à cet égard, dans un autre ordre que nous; leur intelligence est asservie à des besoins que la nôtre satisfait comme il lui plaît; leur organisation détermine leur volonté, ... animaux sauvages, et surtout les oiseaux, semblent, à cet égard, beaucoup mieux partagés.

tandis que notre volonté dispose si impérieusement du corps qu'elle peut lui commander de se détruire et s'en faire obéir à l'instant. J'ai précédemment fait remarquer que c'était à cette différence qu'il fallait attribuer la variété des formes humaines et la constance de celles des animaux, leur état stationnaire et notre perfectibilité.

La liberté de l'être moral influe souvent d'une manière fâcheuse sur la santé du corps; nous lui devons une foule de maladies, et c'est un triste héritage que les passions des pères transmettent ensuite aux enfans. L'homme n'est plus ce qu'il a dû être originairement, et vainement on en chercherait les traces dans l'état sauvage; car il est évident que la dépravation peut faire autant de progrès dans la voie de l'abrutissement que sous l'influence des sociétés civilisées.

L'homme de la nature est celui qui

serait en tout conforme à ce que demande la nature de l'homme, et l'on
vient de voir que nous devons notre
perfectibilité à la prééminence du moral
sur le physique : ainsi, chez l'homme
de la nature, l'âme doit commander au
corps et régler ses appétits : celui qui
agit contrairement à ce précepte, entre
dans un ordre subversif; il use de sa
liberté dans le mal, et bientôt il y fait
des progrès ; car sa perfectibilité lui im-
pose la nécessité d'avancer.

La soumission de l'intelligence des
animaux aux besoins de l'organisation,
les rend stationnaires; aussi chez eux les
formes offrent peu de variétés, et les
corps se reproduisent à peu près les mêmes. Il n'en est pas ainsi de l'homme : il
abuse souvent de sa liberté pour exiger
de certains organes des services excessifs
qui excitent la vie à s'y porter en plus
grande quantité; ce qui finit, en in-

fluant sur les générations, par détruire
l'harmonie et changer les formes.

Aussi, chez tel individu, le cerveau
s'est développé outre mesure et le reste
languit sans vigueur, tandis que chez
d'autres l'organe générateur se montre
puissant sur un corps si faible qu'il ne
peut, après la jeunesse, soutenir le poids
de l'existence. Dans quelques-uns, l'excitabilité est excessive et la force des organes presque nulle, pendant que chez
plusieurs, en arrivant à l'âge mûr, la
consistance des solides dépasse leur excitabilité. Généralement, le corps humain
offre un ensemble dont les parties paraissent mal assorties : ici les bras ont
une dimension démesurée, là ce sont les
jambes ; tandis qu'ailleurs la vaste étendue de l'abdomen repose sur des cuisses
courtes et grêles.

L'harmonie n'existe pas davantage
dans la vitalité ; aussi presque tous les

hommes qui fournissent une longue carrière meurent en détail et voient chez eux la vie s'éteindre successivement dans chaque organe. Si un vice organique ou le défaut de vitalité porte sur quelque partie essentielle, l'individu n'arrive pas même à la vieillesse; il succombe prématurément dans la lutte d'une mort difficile et disputée.

La réciprocité d'action entre le moral et le physique, donne à celui-ci une influence de réaction dont les effets sont remarquables; et lorsque les parens ont constamment vécu dans un mouvement passionné, l'organisation qu'ils donnent à leurs enfans les dispose souvent à prendre la même direction. Par exemple, l'excessive mobilité de la vie dans un corps éminemment excitable, provoque aux emportemens de la colère, et il en est à peu près de même pour les autres passions.

Tels sont les principaux résultats des abus que les hommes ont faits de leur liberté ; ils constatent l'empire de l'âme sur le corps, et signalent la cause des détériorations physiques : cependant, on peut toujours, sous ce dernier rapport, remonter, en idée, à l'état de nature, en supposant une organisation éminemment propre à remplir toutes ses fonctions. Il n'en est pas ainsi de l'être spirituel, dont les facultés se perfectionnent dans le bien comme dans le mal ; mais l'état de nature doit se trouver, pour lui, dans l'usage des sentimens propres à faire sa félicité.

Notre sensibilité sensuelle est affectée en ce monde par l'intermédiaire d'un corps périssable, et la vie nous associe à ce qui lui arrive de favorable ou de fâcheux : cet état de choses cesse à la mort. Il n'en est pas ainsi des affections de la sensibilité morale : elles suivent l'âme et lui appartiennent essentiellement, car elle les développe en usant de sa propre nature; tandis que tout le reste tient à l'organisation et périt avec elle.

En écartant le prestige des relations avec le corps, on reconnaît que les sentimens de l'amour de Dieu et de nos semblables sont les seuls propres à nous conduire au bonheur. Ces sentimens, en passant d'un monde à l'autre, ne changent pas de nature; ils restent ce que nous les avons faits, et l'on peut assurer que la religion n'est utile qu'autant qu'elle contribue à nous rendre meilleurs : la foi peut y disposer, sans doute ; mais on a dit avec raison que, si elle est un don de Dieu, il n'appartient pas à la puissance humaine de l'imposer comme une loi. Au surplus, un être bon, dégagé des liens de la vie qui lui donnaient seuls occasion de souffrir, doit nécessairement être heureux.

Je viens de parcourir les principaux phénomènes de la Psychologie physiologique, et les explications que j'en ai donné me semblent plus satisfaisantes que celles qu'on avait essayées jusqu'ici. Sans doute on pouvait beaucoup mieux faire, et j'espère que dans la suite on fera beaucoup mieux. J'ouvre une route inconnue où je n'ai presque eu d'autres guides que mes propres observations. J'ai présenté ma pensée dans sa simplicité, avec la confiance que donne la conviction. Je n'ai pas la prétention de me placer au rang des savans, et je n'offre mon travail que comme le fruit des méditations d'un homme de bonne foi. Je

désire attirer l'attention des gens instruits, et je me suis déterminé à pu-
blier mon système; car c'est le devoir
de chacun de répandre les vérités qu'il
croit posséder seul, quand par leur nature elles appartiennent à tous.

FIN.

TABLE DES MATIÈRES.

FIN DE LA TABLE.

www.ingramcontent.com/pod-product-compliance
Lightning Source LLC
Chambersburg PA
CBHW071636270326
41928CB00010B/1937